奇蹟課程釋義

學員練習手冊 行旅

Journey through the Workbook of A Course in Miracles

第三冊（71～90課）

肯尼斯·霍布尼克博士（Kenneth Wapnick, Ph.D.）◎著

若　水◎譯

奇蹟課程基金會授權出版

目　次

第七十一課

只有上主的救恩計畫才有成功的可能

　　本課的題旨「只有上主的救恩計畫才有成功的可能」，對小我而言，不啻一大噩耗，因為我們老是冀望自己的救恩計畫終有成功之日。容我再次提醒，上主沒有任何計畫！耶穌之所以如此說，只因這是我們最熟悉也輕易就懂的說法。但我們必須謹記在心，所謂的「救恩計畫」，其實就是寬恕的象徵，也就是耶穌藉以修正小我的罪咎思想體系之工具。倘若根據《聖經》以及從它衍生的宗教教義，上主的確有一套救恩計畫，然而耶穌在這裡說的計畫卻是另有所指。前文雖已討論過這一觀念，本課還會重申箇中的意涵。

(1:1~2) 你也許還未意識到，小我也制定了一個與上主作對的救恩計畫。你所相信的正是它的計畫。

　　很少人能意識到，凡是耽溺於特殊之愛或特殊之恨，就無異於存心抵制上主。難怪耶穌在〈正文〉會這麼反問：「如果

我們知道自己的特殊關係不過是企圖打敗上主的明證，我們還會珍惜它們嗎？」（T-16.V.10:1）耶穌切望我們明白，我們不只為自己擬出了一套脫離苦海的計畫，而且這個計畫骨子裡就是想跟上主抗衡。他要我們反省自己「非此即彼」的處世原則而看清當前的處境，這樣做，必然有助於我們回心轉意，而作出正確的選擇。

(1:3) 由於它與上主的計畫全然相反，你不得不信，你若接受上主的計畫來取代小我計畫，必然下場堪憐。

我們真的**如此**相信：一旦接受了上主的計畫而開始寬恕，自己的個體性就沒戲唱了，這會陷我們於永恆虛無之境。這樣的信念恰恰反映出耶穌在〈正文〉所描述的小我思維：顛倒是非，好的成了壞的，壞的成了好的，寬恕令人避之猶恐不及，罪咎反而大受歡迎：

> 小我大部分的荒誕行為，都可直接追溯到它對罪咎所下的定義。對小我而言，**清白無罪等於罪大惡極**。凡是不發動攻擊之人都成了小我的「敵人」，因為他們沒有尊重它對救恩的詮釋，這意味著他們隨時都可能放棄罪咎，揚長而去。……它〔小我〕只要一碰到上主之子〔比如耶穌〕真正清白的面容，就想置他於死地；它的理由是：清白無罪乃是對上主的褻瀆。對小我而言，它即是上主，那麼清白無罪在它的詮釋下自然罪該萬死。（T-13.II.4:1~3;6:2~3）

(1:4~5) 這話一聽就知道它在顛倒是非。但我們只要深思一下小我計畫的內容，你就會明白，不論它多麼顛倒是非，你卻堅信不疑。

大家應該還記得耶穌在「無明亂世的法則」那一節中說過同樣的話。他在描繪了小我五個神智不清的運作法則後，緊接著說：

> 你或許會為自己申辯，你並不相信那些荒謬的無明法則，更不會奉行如儀。何況，只要正視一眼它們的內涵，怎麼可能有人相信？然而，弟兄，你「真的」相信它們。（T-23.II.18:1~3）

耶穌很清楚，我們非常相信小我的計畫，因為我們死心塌地相信自己活在這兒。我們相信唯有透過投射才會得救，因為只有投射才抵擋得了心靈的救贖原則，而心靈正是上主聖愛記憶的安止之處。

(2:1) 小我的救恩計畫說來說去不外是抓著心裡的怨尤不放。

這句話講得不能再白了，它一針見血指出小我投射的目的——抓著怨尤不放。請看看，接下來的一段如何刻畫「特殊性」的本質：

(2:2~5) 它堅持主張，如果別人的言行表現有所不同，或是外在環境或事件有所改變，你才可能得救。為此，你始終認為救

恩來自你之外。你所懷的每一個怨尤，不只是一個聲明，更成
了你內心的信條：「如果事情不是這樣，我就沒問題了。」原
本要求你改變自己心念的救恩，轉身一變，成了你對每個人、
每件事的要求，就是不敢要求自己。

可以說，世間沒有人不認同這一思想體系，因為整個世界
就是由此誕生且靠它維繫下去的。正如同佛洛伊德在《夢的解
析》所剖析的夢的原理：所有的夢都是為了滿足未能實現的
夢想。耶穌借用這一原理進一步闡述**所有的**人生夢境，**不論**是
睡著的夢還是醒著的夢，不論宏觀式的物質宇宙或微觀式的個
人世界，全都是為了成全小我想要維持分裂的私心而量身打造
出來的，目的就是把責任推到他人身上。如此一來，我們每個
人都能享用小我的分裂大餅，而且取之不盡，用之不竭，因為
別人會為此大餅付出代價。〈正文〉「十字架的畫像」那一節
裡，把小我的仇恨與私心描繪得淋漓盡致。我們為了保有自己
的純潔無罪，想盡辦法嫁禍他人，要別人因此內疚並遭受懲
罰，如此我們才能安然脫身：

> 你所受的每一個苦，都會被你視為他攻擊你的罪證。
> 於是，你自身便成了他不再無辜的標誌；只要看看你
> 的慘狀，就不難明白他是如何罪孽深重。對你不公的
> 事，臨到他頭上就成了理所當然。如今輪到他來承受
> 你所遭受的不義之報應了；唯有嫁禍於他，你才算真
> 正解脫。

每當你同意受苦、被剝削、遭受不公的待遇，或感到匱乏之時，你其實是在指責弟兄攻擊了上主之子。你在他眼前懸掛了一幅自己被釘在十字架的畫像，讓他親眼目睹，你已用鮮血和死亡將他的罪狀刻印在天上了；你走在他前面，隨手關起天堂的門，把他打入地獄。（T-27.I.2:2~5; 3:1~2）

小我救恩計畫的基本要素留待後文詳述。

(3:1~2) 在這計畫中，你賦予自己的心靈一個任務，就是判定除了自己以外，哪些人物事件應該改變，你才有救。根據這神智失常的計畫，任何可以想見的得救機會，只要保證行不通，你就會接受。

耶穌在這一段描述的，正是小我那句千古座右銘：「去找，但不要找到。」沒有錯，我們每個人都在幹這檔子事，一句話說得夠清楚了，根本無需多加解釋。確實，這就是投射的本質，也是小我思想體系的核心，它意圖確保上主之子永無回心轉意的機會。

(3:3~4) 如此才能確保這徒勞無功的追尋能夠延續下去；你的幻覺堅持地告訴你：即使這希望一直落空，你還可以找其他人物或其他地方繼續期待下去。也許換了一個人，人生會更順利一點；也許換個環境，成功的希望比較大。

耶穌在〈練習手冊〉後文也說了：「你隨時都能造出另一

位神來。」（W-170.8:7）我們如果夠誠實的話，必會承認耶穌完全一針見血地揭發了我們的私心與計謀。也因此，我們絕不會真心甘願投入這部《課程》的，既不願在頭腦上理解，也不願在生活裡操練。正如這段話所說的，我們會想方設法扭曲《課程》的教誨，令它無從在我們身上發生效用，而這正是小我「特殊性」的威力所在。

(4) 這就是小我為你制定的救恩計畫。你不難看出這與小我「去找，但不要找到」的基本教條不謀而合。它慫恿你把所有的精力都耗在救恩不在之處，除此之外，還有什麼更妙的方法保證你絕對找不著？

別忘了，小我最不樂見的，莫過於我們意識到自己竟然有顆心靈；一旦如此，我們必會意識到自己原本可以作出不同的選擇，接下來，小我（也就是特殊的我）的末日便指日可待了。正因如此，我們老是把精力轉向救恩**不在之處**去尋找。在此，可以清楚看到耶穌如何一步一步幫我們從理性和經驗兩個層面領會這個真相。他要我們看清，我們如何利用世界來誤導自己四處追尋卻永遠找不到由衷渴望的平安。他於是一再提醒我們，我們絕不可能從外在世界尋得平安。〈正文〉也有類似的說法：

> 世上沒有一個人不懷著希望或某種揮之不去的幻覺，夢想自身之外有個東西會帶給他快樂和平安。……為此，他漫無目的在人間遊蕩，尋找那根本不可能找到

之物，活出不是自己的人生。

那揮之不去的幻覺會催逼著他不斷往外追尋偶像，而且多多益善。（T-29.VII.2:1,5~3:1）

不消說，一切的偶像最終都會破滅；而如此一來，正好中了小我的詭計。

(5:1~2) 上主的救恩計畫之所以會成功，純粹是因為祂指引你到救恩所在之處去尋。但你若想得到上主所許諾的成功，你必須甘願只往那兒尋找才行。

無疑的，這正是棘手之處。每個奇蹟學員都會說：「我當然會聽從聖靈的指引（上面引文的原文是用「上主」），我當然也願意寬恕，但是，我要的**不只**這個，我還想保有自己的特殊性，偶爾也得滿足一點這個欲望吧！我會好好研讀〈正文〉，也會乖乖地每天操練一課……，**但是**，我總得為我的特殊性做些什麼吧！把身體當真一點，別管心靈了（原文是用「救恩」）。」最令小我不爽的是：救恩不容任何妥協。「毫不妥協的救恩」那一節，毫不保留地揭發小我企圖讓攻擊與愛並行不悖的兩手策略：

救恩是沒有妥協餘地的。妥協表示你認為自己能夠只接受想要的一部分，擷取一點而放棄其餘。……你一旦讓妥協之念闖入，便再也意識不到救恩的目的所在，因為你已認不出它了。接受妥協等於否定救恩，

因為妥協表示你相信自己不可能真正得救。妥協的信念會告訴你，你能夠攻擊一點兒，愛一點兒，卻不至於混淆兩者。

本課程易學之處即在於它的毫不妥協，絕無模稜兩可。……寬恕不可有所保留。攻擊這個、偏愛那個的人，表示他還不了解寬恕的真諦。（T-23.III.3:1~2, 5~7; 4:1,5~6）

請注意，這部課程之所以無堅不催，它的力量正繫於這種毫不妥協的特質，恰恰切中了小我的要害，因為小我不惜玉石俱焚也要保住身體的特殊性。

(5:3~4) 否則，你的目標就分歧了，這無異於要你追隨兩種背道而馳的救恩計畫。其結果只會導致混亂、困窘、極深的挫折與絕望。

我們不難看出，〈練習手冊〉如何一課一課為這幾句話鋪路。最前面的幾課先幫我們了解「根本沒有所謂的外在世界這一回事」，以及「我們在外界所見的一切全是內心的投射」。第二十二課甚至說「世界是我們的攻擊之念打造出來的」。耶穌這樣一步一步為我們的心靈啟蒙，直到我們體會出問題真的出自心裡，而不在身體或大腦。若非前面的鋪陳，他不可能在此鐵口直斷。〈練習手冊〉這種循序漸進的交響樂手法實在令人歎為觀止。

　　當然，〈正文〉與〈練習手冊〉處處相互呼應的筆法也很值得我們深思回味。雖然這兩部書的架構迥然有別，卻都同樣涵括了所有的核心理念。例如耶穌在此處指出，追隨兩套截然相反的救恩計畫必然令人舉步維艱；相同的意涵，在〈正文〉第八章也出現一段與它緊密呼應的話語，若干的遣詞用字甚至十分雷同：

> 救贖的課程與你自己設定的課程恰好相反，它們產生的結果自然截然不同。如果你自己學來的那一套令你如此不快樂，而你又想要得到不同結果的話，你顯然需要改換課程。改變的第一步乃是轉變方向。任何課程若有真實效用，它的內涵必然前後一致。一個課程若出自兩位理念相反的老師，這課程怎麼整合得起來？如果兩位老師同時教導這一課程，他們只會彼此干擾。
>
> 你必須全面認清這類課程的荒誕無稽，才有機會改變自己的方向。你不能同時向兩位見地南轅北轍的老師學習。他們合教的課程會令人無從學起。他們採取完全不同的教學方法，傳授完全不同的課程；教其他事情也許還說得過去，但他們所教的是關於你的真相。縱然他們改變不了你的真相，可是，你若聽信他們，你對自己真相的看法便從此分裂了。（T-8.I.5:1~6;6）

　　經過這樣的對比，我們更能體會何以耶穌在《課程》會如

此反覆點出兩位「截然相反」的老師以及兩套「截然相反」的課程。耶穌要我們切記，我們唯一有意義的選擇僅僅在於「天堂或地獄，上主或小我，幸福或痛苦」，我們能夠也必須從中選擇其一。

(6) 如何才能避免這一結果？簡單得很。今天的觀念就是你的答覆。只有上主的救恩計畫才有成功的可能。它不會引發任何真正的衝突，因為除了上主的計畫以外，沒有其他替代方案拯救得了你。只有祂的計畫保證萬無一失。只有祂的計畫勢必成功。

答案很簡單，根本不必費心思，光用膝蓋或腳趾頭去想都知道：只有一套計畫足以終結人間所有的苦難。然而，除非我們非常清楚問題全在心內，心靈才是一切痛苦的源頭，否則上述說法就顯得不可理喻了，難怪〈練習手冊〉如此強調心靈在救恩中的關鍵角色。

(7) 今天我們就來熟悉一下這種必然性吧！讓我們一起額手稱慶吧！因那狀似無解的衝突終於有了解決之道。世間沒有上主做不到的事情。救恩非你莫屬，因為祂的計畫絕不會落空。

作出正確選擇所帶給人的喜悅，正是激發我們去作這個選擇的最大動力了。唯有終止衝突，方能終止得了人間的苦難，喜悅幸福之門也會從此開啟。正因如此，耶穌才會鍥而不捨地用幸福的結局為餌，來誘引我們選擇這一終極的答覆。

(8:1~2) 今天要作兩次「長式」練習，開始時先想一想今天的觀念，並了解它所包含的兩部分，每一部分對整個練習都有同等的重要性。上主為你制定的救恩計畫勢必成功，其他計畫則無此可能。

　　這段引文的後半段才是殺手鐧。多半的人願意接受前半段，卻未必接受得了後半段。救恩不容任何妥協，這是最令小我切齒之處。先前已經討論過《課程》的「是」意謂「不是否」。也就是說，向上主的計畫說「是」，等於向小我的計畫說「否」，這麼一來，就等於否定了構成我們存在的那套思想體系。無庸多說，這才是我們抵制耶穌教誨的真正原因。這一段話適足以反映出《奇蹟課程》思想體系毫不妥協的本質：真理才是真的，其餘都是假的；基督方是我們的真實身分，小我純屬幻相。〈練習手冊〉後文還會不斷為我們帶來這一喜訊。

(8:3~6) 不要為後半句話感到沮喪或憤怒，它與第一部分休戚相關。第一部分會將你由自己神智不清的解脫計畫中全面解放出來。那些計畫曾使你沮喪而憤怒；但上主的計畫終將勝利。它會帶給你解脫的喜樂。

　　一旦修練到這個階段，憤怒與沮喪的情緒勢所難免，只因我們會不斷想要回歸舊路，重施故技。每當焦慮與沮喪生起時，我們通常不會回到心內，向耶穌請教如何化解那些惱人之念，相反的，我們會讓自己沉溺於特殊關係，來掩蓋這些感覺。所有的癮癖就是這樣形成的，不論上癮對象是人物還是

藥物。即使痛徹心扉，我們仍不肯回到心內去化解煩惱之源，反而求助於身體來麻痹心靈之苦。也因此，如果我們真心想學《課程》，必須先意識到小我的解決方案絕對無效。否則，若還堅持小我那一套能帶來幸福與解脫，那個痛苦保證會化身為各種形式，陰魂不散地糾纏下去。

　　接下來的一段好似提醒我們應隨時向上主請示該怎麼做才是，然而，正如我先前說過，耶穌並不真的以為上主會給我們一個具體的答覆。事實上，他在一百八十四課極其明確的說，上主不只聽不懂我們的語言，也不會答覆任何祈禱。耶穌在此之所以這麼說，顯然是遷就我們的處境與限度，因此才鼓勵我們隨時向上主請教。

(9:1~5) 請記住，讓我們善用「長式」練習的剩餘時間，祈求上主啟示給我們祂的計畫。這樣具體地問祂：

> **祢願我做什麼？**
>
> **祢願我去哪裡？**
>
> **祢願我對什麼人說什麼話？**

　　《奇蹟課程》在多處揭示：用語言求神不會有什麼結果的。例如，在〈教師指南〉論及「語言在療癒過程中扮演什麼角色？」一節中，耶穌曾如此說：

> 反正上主聽不懂人的語言，因為語言乃是分裂的心靈
> 為了繼續活在分裂的幻境中而造出來的。然而，語言

對初學者特別有用,它能幫人專注,幫他排除或至少控制住有如脫韁之馬的雜念。然而,不要忘了,語言只是象徵的象徵。因此,它離真相有雙重之隔。(M-21.1:7~10)

不僅如此,耶穌在〈頌禱〉還開宗明義指出,祈求具體之物可說是「毀滅性的祈禱」(我根據「毀滅性的寬恕」的小我原則而改寫的)。如同下面的引言所釐清的觀念:當我們祈求具體之物時,無異於強化了小我堅信的**匱乏原則**(請參閱《奇蹟課程》序言),也就是「無力感及自卑感」(S-1.II.2:1),才會要求上主在那一層次跟我們碰頭。究竟來說,《奇蹟課程》的核心教誨是要我們把匱乏信念帶到上主那兒,這類幻覺才可能在祂的愛中煙消雲散,所有的問題也因而一併獲得了答覆:

> 祈禱的祕訣就是忘卻你心目中認定的需求。祈求具體之物的心態,與「先看出對方的罪過,再設法寬恕」〔毀滅性的寬恕〕如出一轍。因此,祈禱時,你也應放下心目中的具體需求,一起交託到上主手裡。如此,它們變成了你獻給上主的禮物;你等於向上主說,自己無意在祂面前設置偶像,你唯祂的聖愛是求。那麼除了「憶起上主」,祂還可能給你什麼答覆?你豈能讓那些轉眼即逝的問題或微不足道的建議,取代祂真正的答覆?上主只會給予永恆的答覆。人生枝枝節節的答案早已包含在這個答覆內了。(S-1.I.4)

　　只因我們始終對自己的身分感到「妾身未明」，耶穌才會在本課要我們問得愈具體愈好，因為他必須針對我們成長的不同階段作答覆。〈頌禱〉所描述的祈禱階梯，其實就是在述說寬恕的整個過程：

> 祈禱是沒有起點也無終點的。它原是生命的一部分。它會隨著你的學習與成長而不斷改變形式，直到抵達最終的無相之境，融入與上主交流無礙之地。至於那些「有所求」的祈禱，未必是向上主而發的（通常都不是），甚至與信不信祂都扯不上關係。這一類的祈禱不過是基於缺憾與匱乏而生出的欲望罷了。
>
> 這種因「有所需」而「有所求」的祈禱形式〔亦即毀滅性的祈禱〕，常帶有濃厚的無力感及自卑感，絕不可能出自深知自己真相的上主之子。對自己的本來面目堅信不疑的人，是不可能發出這種祈禱的。同理，對自己的身分感到妾身未明的人，就不得不倚賴這類祈禱。（S-1.II.1:1~2:3）

　　請各位特別留意，切莫把這類說法與《課程》的整體內涵切割而斷章取義，否則它的**形式**會跟《課程》的**內涵**脫節，因而扭曲了原意，與《課程》的真實教誨恰恰背道而馳。請記得，這是**治因**而不治果的課程，旨在解除心靈過去選擇了分裂的那一決定，而非改造它的**後果**，亦即現實生活的具體問題。

　　總而言之，耶穌在《奇蹟課程》裡真正要引領我們「沿著往昔沉淪於分裂的軌跡一級一級地向上回溯」（T-28.III.1:2）——由最下一層逐步提昇而上。所謂最下一層，即是指我們已經全面接受的小我二元思想體系（罪咎懼打造出來的物質世界）。在這一層次，上主在我們心目中是不可能沒有形體的。

> 當你看到自己活在身體裡頭，怎麼可能知道你原本只是一個「理念」？世上每一樣東西，都得靠外在形狀才能指認出來。若沒有身體或是你熟悉的形式，你連上主是什麼模樣都想像不出。（T-18.VIII.1:5~7）

　　也就是說，這具神聖的形體其實是根據我們的自我形象打造出來的，正因它是「罪咎懼」信念的象徵，故小我眼中的上主勢必充滿了報復與懲罰心態，一心想要毀滅我們。也因此，慈愛的長兄耶穌才會給我們一個比較仁慈的上主形象，一個懂得寬恕的上主幻相，祂在我們心目中顯得**有形有相**，不但十分關心我們的需要，更不會報之以懲罰；唯有如此，才修正得了恐怖的上主神話。只要我們遵循聖靈的引導，在祈禱的階梯上逐步提昇，遲早會看透這類神話的虛幻性，終而跨越到「超越象徵之上」的聖愛裡：

> 圓滿又無限的能力已經來臨，不是為了毀滅，而是為了迎接一切屬它的人。……迎向那超越寬恕、超越象徵與有限世界的大能吧！（T-27.III.7:2,8）

(9:6~7) 把練習的剩餘時間完全交託給上主，讓祂來告訴你，在祂為你制定的救恩計畫裡，你該做什麼。祂會答覆你到何種程度，全憑你甘心聆聽天音到什麼程度而定。

　　這個說法一樣需要特別留意。還記得第四十九課的題旨：「上主之聲不斷向我發言。」我在那一課也已經清楚點出，耶穌並不是說我們整天都會**聽到**上主的天音，而是說聖靈的愛隨時隨地都在我們身邊，但問題就出在我們對它置若罔聞。因此，想要聽到天音，憑靠的是我們真想聽到天音的那個願心。不消說，耶穌在本課說的，同樣並非指真正的聲音或具體的話語，而是我們對上主聖愛的體驗。只有當我們真心說出「唯有上主之愛方能賜我幸福，小我的特殊之愛無此可能」之時，才可能親身體驗到聖愛。總之，當我們不再追求小我的分裂恐懼，而開始渴望上主的一體聖愛時，那個愛在我們的體驗中便好似化為天音。下面這段〈教師指南〉的引言，承接先前「語言只是象徵的象徵」之論點，繼續解釋下去：

> 語言雖然只是一種象徵，卻有相當具體的指標作用。即使它有時顯得極其抽象，但心靈所接收到的卻可能是一幅很具體的圖像。任何一句話若不能引發心靈具體的聯想，它便不具實質的意義，也無助於療癒的過程。出自肺腑的心禱並非真的要求什麼實質東西。它的要求常指向經驗層次，它之所以提出某個具體要求，是因當事人認為那東西能帶來他所渴望的經驗。

> 為此，他的話不過象徵了他祈求之物，而他祈求之物
> 又象徵著他所渴望的經驗罷了。（M-21.2）

簡而言之，只要我們有心**抵制**小我的恐懼而**選擇**聖靈的愛，這個選擇所產生的經驗，會以我們所能了解的形式呈現；而這同時也反映著：自認為具有個別形體的我們，仍十分需要求助於另一具形體，即使他早已不屬世界中人。

(9:8~10) 不要再迴避祂的答覆了。你此刻的練習足以證明你已有某種聆聽的誠意。你已經夠資格要求上主的答覆了。

耶穌再次提醒我們，這是需要一段過程的。他其實在說：我們操練了〈練習手冊〉，也讀了〈正文〉，修到現在，表示內心有一部分是真的想要走另一條路的。若要確保得到上天許諾的幸福結局，最後還得靠我們「聆聽的誠意」。也因此，如果我們心裡有數，明白自己是多麼不甘心踏上另一條路，同時又懂得祈求耶穌幫我們寬恕自己的恐懼，必然有助於我們更快完成這個過程。

(10) 在「短式」練習中，隨時提醒自己，唯有上主的救恩計畫才有成功的可能。今天特別警覺內心可能生起的任何怨尤，你不妨改用下列形式來回應今天所有的誘惑：

> 心懷怨尤，就是與上主的計畫作對。只有祂的計畫才
> 有成功的可能。

每一小時試著記得今天的觀念六、七次。憶起你救恩的神聖源頭，由那一境界去看救恩，沒有比這練習更能讓你善用這半分鐘（甚至更短）的時間了。

　　在本課的結尾，耶穌照常鼓勵我們，要我們隨時隨地警覺自己是否已選擇了分裂、罪咎及攻擊，而這種選擇正是我們回歸聖愛家園最大的阻力。耶穌不斷提醒我們，甚至**不到**十分鐘就提醒一次，要我們好好比較他的計畫與小我的計畫——我們究竟想要寬恕還是心存怨尤？如此做，則無異於提醒自己「真正想要的是什麼」，同時還讓我們明白，一旦選擇了攻擊與責難，對我們回歸終極源頭的渴望會造成多大的傷害。

第七十二課

心懷怨尤，無異於打擊上主的救恩計畫

如果我們把這一系列的課文當成一首龐大交響樂中的不同樂章，便不難看出每一課都在隨著寬恕的主旋律層層疊疊地架構出一個更大的藍圖。耶穌在本課對身體著墨甚多。要知道，身體從來就不是問題，我們對身體的信念才是癥結之所在；這個信念始終企圖掩護身體的源頭，也就是深埋人心的罪咎。

(1:1) 我們已認清了，小我與上主的計畫完全背道而馳；其實不僅如此，它是對上主計畫的迎頭痛擊，不予毀滅絕不罷休。

每當我們開始判斷而心生怨尤之際，只要當下意識到這是存心毀滅上主計畫之舉，自然會立刻打住。然而，小我狡猾地把這個果和它的因切斷，讓我們意識不到自己在做什麼，如此才能痛快地全力攻擊下去。耶穌在〈正文〉論及特殊關係的兇狠無情時，也提出類似的觀點：這種關係不只存心毀滅上主的

寬恕計畫，它最終要毀滅的是上主本身（以下這一段的開頭，前文已經討論過，不再贅述）：

> 若能看出特殊關係不過是你戰勝上主的一個標誌，你還會要它嗎？姑且不提它那可怕的本質，以及它必然引發的罪咎、哀傷及孤獨。這些只不過是「信仰分裂」的宗教以及「認為分裂確實發生過」的信念背後那套思想體系的幾個特質而已。在特殊關係所標榜犧牲的連環禱詞下，真正要傳達的只有一個中心思想，那就是：上主必須死亡，你才可能生存。特殊關係所要傳達的正是這個觀念。（T-16.V.10:1~5）

再說一次，認清自己的判斷所帶來的後果才是關鍵，否則「放下判斷」只是一句不著邊際的空話，終究，我們是作不出正確選擇的。

(1:2) 它攻擊的伎倆就是把原屬於小我的特質套在上主身上，而為小我冠上上主的特質。

這兩句話是《奇蹟課程》相當重要的觀念，讓我們明白為什麼世界會打造出這麼恐怖的上主形象，既是毀滅者、報復者、懲罰者，也是操弄特殊性的權威。只因我們把潛意識的自我認知投射到上主頭上，讓祂去背這個黑鍋。我在前一課已經解釋過〈正文〉**投射形成知見**的道理——只要我們自視為一具身體，就**不可能不把上主也一樣看成是一具身體**。我們投射到

上主頭上的，不僅僅是自己對身體的信念，還連帶投射了身體所隱含的罪咎懼思想體系。根據「投射形成知見」這個千古不易的心靈運作法則，我們**不可能不**把深埋在潛意識的自私與仇恨投射到造物者身上，進而把祂打造成心狠手辣的兇手。耶穌在〈正文〉借用太陽與微光，海洋與漣漪的強烈對比，作了生動的譬喻，在我們渺小的自我眼中，上主搖身一變，竟然成了一頭龐然怪獸：

> 這一線微光開始自命為太陽，那小得難以辨識的漣漪竟自詡為海洋，真是狂傲得不可思議。想一想，你那微不足道的念頭，小得不能再小的幻覺，把自己與宇宙對立起來，它怎能不感到孤獨害怕？因著它自己想要吞併太陽的企圖，太陽成了它的天敵；海洋好似也恐嚇著小小的漣漪，隨時要將它吞併。（T-18. VIII.3:4~6）

不僅止於此，根據小我另一個「非此即彼」的運作法則，我們也**不可能不**相信，原本屬於上主的特質如今成了我們的特質。於是，**我們**這個獨立自主的小我搖身一變，又成了創造者。到〈練習手冊〉後文，我們還會深入探討小我這類的基本運作法則。

(2) 小我的基本願望就是取代上主的地位。事實上，小我就是那個願望的有形化身。就是那個願望從外在為心靈罩上一層身體，把心靈隔開，孤立起來；除非透過那為了拘禁它而造出的

身體，它無法與其他的心靈交流。這種交流上的限制不可能是擴大交流的最佳管道。然而，小我卻要你如此相信。

這幾句話完全切中了小我的本質，赤裸裸地揭露了小我想要獨立自主的野心，**它甚至還深信不疑自己已經完成了這個不可能的任務！**小我一心渴望取代上主，而身體便成為這個願望的「有形化身」。耶穌在〈正文〉也說過，身體的目的即是為愛設限而造出的（T-18.VIII.1:2），故也成為它跟其他心靈交流的工具。然而，請注意交流（Communication）這個詞，在本課程原是指天父與聖子相互吟唱的無限大愛，也可說是圓滿一體境界的一首頌歌。於今，身體卻存心掩蔽實相之境，使我們意識不到它的存在。「小小的花園」那一節也傳達了同樣的理念：身體的存在是為了確保我們與上主的分裂。請看下面這一段最具代表性的描述：

> 上主無法進入一具身體，你也無法在身體內與上主結合。為愛設限，等於將上主推出門外，存心與祂背道而馳。身體就是企圖圈住你那光輝圓滿的小小理念的圍欄。它好似從整個天堂撕下一小部分，畫個圓圈，把這一丁點的天堂圍起來，宣稱那是自己的王國，請上主止步。（T-18.VIII.2:3~6）

也因此，耶穌在隨後的兩段再次明白點出，我們的怨尤始終把矛頭指向某具身體。這個觀念和我先前引用的一百六十一課那一句「恨是十分具體的」，兩者可說異曲同工。沒有錯，

只要我想怨天尤人，一定找得到一個具體對象來怨的。耶穌要我們明白：我們的怨尤必會衝著身體而來，徹底否定了我們和弟兄的靈性身分。

(3) 身體強加於你的限制，其用意極其明顯；然而，為什麼心懷怨尤等於打擊上主的救恩計畫，則不是那麼容易一眼看透其中的玄虛。讓我們反省一下那些常使你懷怨在心的事情。哪一個不涉及對方形體所做的某些行為？某人說了某些令你不悅的話。某人做了某些令你不快的事。他的行為「洩漏」了他對你的敵意。

確實如此，在小我陷上主之子於非心之境的陰謀中，身體一直扮演著極為重要的角色。它不只具體證明了小我的宣言「分裂確實發生了」，並且異想天開地讓其他人的身體成為儲藏自己罪咎的保險箱。難怪我們的肉眼總是不懷好意地環顧世界，一看到弟兄有罪的證據，就猛撲上去，死咬著不放，好顯示自己的清白來為自己脫罪。說穿了，我們每一次聽到弟兄「說了某些不中聽的話」，其實都是我們想要聽到他說出那些話的。雖然這並不表示我們得為他說的話負責，但我們對他的話語究竟作了什麼詮釋，我們自己必須負起完全的責任。換句話說，是我們**想**在別人身上看到敵意，而且還認定那是衝著自己來的，於是乎，一切就如我們所預期的發生了。下面這一段把小我形容為「在恐懼中豢養出來的餓犬」，實在描繪得淋漓盡致：

恐懼兇狠地派出的使者專門尋找罪咎,把自己找到的每一絲邪惡和罪過都視為珍寶,虔敬地供在主人面前;稍有一點閃失,便會受到死亡的懲罰。……恐懼的使者接受的是恐怖訓練,當它們受主人徵召時,常常戰慄不已。……那些使者滿懷罪咎地溜出去,饑渴地搜尋罪咎;因它們的主人是以挨餓受凍的方式磨出它們的凶性,只准食用它們帶回給主人之物。沒有一絲罪咎能逃過它們饑渴的目光。它們無情地四處搜尋罪的蹤跡,一看到有情生命便直撲上去,不顧獵物的哀號,拖回給主人大快朵頤。……因它們帶回的都不外乎皮相與血肉層面的消息。它們奉命只去尋找可朽的生命,回來時,嘴裡塞滿了腐敗腥臭之物。它們以為那些東西能減輕自己的饑渴之苦,因而視之為珍饈美味。(T-19.IV. 一 .11:2; 12:3,5~7; 13:2~4)

不言而喻的,眼前要是沒有一具一具的身體,那隻被恐懼逼瘋的餓犬便失去獵捕的對象,最後,它也終將被罪咎吞噬,並且還顯得罪有應得。

(4:1~4) 你所面對的並不是那個人真實的模樣。相反的,你的注意力全都集中於他身體的所作所為。你不僅沒有幫他由身體的限制中解脫出來,反而落井下石。你實際上已把身體與他混為一談,把他們當作同一個東西來審判。

同樣的說法,在〈正文〉「過去的陰魂」那一節還詳加闡

述，它清楚點出：我們之所以在別人身上看不出基督，只看到陰暗的身體，是因為我們早已把罪咎投射出去，才會在他人身上看到邪惡。現在，我們就直接來讀這一段，看看小我是如何卑鄙地把身體當作「報復工具」的：

> 你抓著過去的陰魂不放，不過想證明他確實做了那些他其實並沒有做過的事情。……它們代表著你認為發生在自己身上的厄運。為了以牙還牙，你讓過去留在身邊，希望這些見證隨時提醒你他人的罪過，讓你免受其害。……那些見證給你種種的「理由」，邀你加入那極「不神聖」的聯盟，為小我效忠，利用所有的關係擁護小我的勢力。……那些關係只有一個目的，就是抹殺別人與你的真相。這就是為什麼你們會在彼此身上看到根本不存在之事，且同受報復心態的驅使。這也是為什麼凡是能讓你憶起往日舊怨之事，對你特別有吸引力，不論你靠什麼病態方式把這兩件事聯想在一起，它都會打著愛的旗幟。最後，這也是為什麼這類關係全都致力於身體的結合，因為在它們的眼中身體是最稱職的報復工具。為此，身體順理成章地成了這些「不神聖」關係的焦點。（T-17. III.1:6,9~10,12; 2:3~7）

比如說，我無法把你關進小我的地獄，但只要我把你視為一具身體，保證可以讓你在地獄裡永遠不得翻身，這就是特殊

關係的真正目的。由此可見，每一個特殊關係都是根據幻覺打造出來的，不幸的是，世間所有的關係都屬於特殊關係。這個幻覺的起源就是我堅信自己是「邪魔、黑暗與罪惡的淵藪」（W-93.1:1），進而將如此不堪的形象投射到別人身上，希望藉此與這一自我形象撇清關係。又比如說，我先相信自己是一個獨立生命，與你無關，然後將那種分裂妄念投射到你身上，並且賦予那種妄念一個具體形式，一切便如此**弄假成真**了。從此，我們的弟兄**就是**那具身體；我們若也是身體，一定是別人害的，不是我們的錯。我們過去作的錯誤決定所殘留的罪咎陰影，就是如此這般化為人生的現實，從此，我們的靈性真相反倒變得虛幻無比。

(4:5~6) 這其實是對上主的一種侵犯，因為祂的聖子若只是一具身體，祂必然也是如此。創造者不可能與他造出的成品毫無相似之處。

我在第六十八課曾提過，聖子在我們眼中是什麼，上主的概念在我們心目中就是什麼。現在這段課文的意涵也完全相同：我們若視自己與他人為身體，便不可能不把上主看成有模有樣的神。這正是「投射形成知見」的原則──我們對他人的每一種認定，直接源自於我們對自己的認定。總之，我們如何看自己，全然左右了我們看上主、看耶穌或聖子奧體每一份子的眼光，**絕無例外**可言。正因如此，我才反覆解釋為何耶穌把上主說成一個有形有相之神。他稱上主為「父」，要我們跟祂

說話，向祂請益，但這並不表示上主真的知道我們所在的幻境。下面繼續引用太陽和海洋的比喻，說明上主對我們的幻境其實一無所知：

> 然而，太陽和海洋作夢都想不到居然有這般怪誕而荒謬的反應。它們只是依然故我，渾然不知自己內在極小的一部分竟會害怕且痛恨它們。（T-18.VIII.4:1~2）

再說一次，耶穌解說的方式，**好像**上主很知道我們處境似的，這是因為**我們**只能如此體驗上主。簡單說，身體只能看見身體，幻覺也只會看到幻相；能見與所見，必然互為表裡。

(5:1~5) 如果上主是一具身體，祂會有什麼樣的救恩計畫？除了死亡以外，還會是什麼？祂卻故意把自己裝成生命之主而非死亡之主，祂豈不成了一個說謊的騙子，盡作不實的許諾，不告訴人真相，只會用幻相蒙騙人？身體這有形可見的存在現實，使上述的「神觀」變得相當有說服力。事實上，身體若是真的，上述的說法乃是必然的結論。

這段話可謂一針見血地描述出《聖經》裡的上主。我們一旦把標榜個體性的思想體系當真，必然也會把身體當真。這表示我們相信自己毀了真神，又按照自己的身體形象打造個神明來取而代之，更糟的是，這種神明還會說謊騙人。我們一旦把身體弄假成真，**一定**也會把上主的形象當真。各位應該還記得，小我思想體系具有嚴密的邏輯架構，一旦把身體當真，那

麼，打造出身體而且不斷灌溉它的那套思想體系必然也顯得真實無比。難怪從我們心中的罪咎投射而成的上主，與小我簡直一模一樣。〈正文〉第十三章的導言也呼應了相同的論點：形體世界全是由那些「被罪咎逼瘋的心靈」打造出來的：

> 上主之子讓罪咎進入了自己心中，這是天人分裂之始；那麼，當他接受救贖之際，自然成了分裂的終結。你眼前的一切乃是被罪咎逼瘋的心靈妄想出來的世界。只要仔細端詳一下世界，你便明白此言不虛。因為世界確是懲罰的具體象徵，它的運作法則好似全受死亡控制。孩子們在痛苦中誕生，歷盡滄桑地活下去。痛苦伴隨著他們成長，他們所學的盡是悲傷、分離與死亡。他們的心靈好似囚禁在頭腦裡，身體一受到傷害，腦力就隨之減退。他們很想愛人，然而，一生不是遺棄別人就是被人遺棄。他們好似隨時都會痛失所愛，沒有比這更瘋狂的信念了。他們的身體日漸衰頹，一口氣接不上來，便是黃土一坯，重歸虛無。任誰都會感到造物主何其不仁。

> 如果這是真實的世界，上主確實不仁。因為沒有一個有愛心的父親可能要求孩子為救恩付出這種代價的。（T-13.in.2；3:1~2）

請看看，《聖經》中的上主之所以變得如此不堪入目，原來，祂就是**我們**按照自己的形象打造出來的。

(5:6~9) 而你所懷的每一個怨尤都在重申身體的真實性。它完全無視於你弟兄的真相。反而鞏固了你認定他只是一具身體的信念；這一詛咒使他萬劫而不復。它宣稱只有死亡拯救得了他，再把這種攻擊轉嫁到上主身上，要祂為此負責。

我們再一次看到了小我的金蟬脫殼之計——投射。試想，若要隱蔽自己的真實身分，還有什麼比著眼於「非心」之身體更高明的伎倆？若想把身體弄假成真，還有什麼比不斷把身體視為發動攻擊的主體與遭受攻擊的對象更高明的手法？若要相信真有攻擊這一回事，還有什麼比用死亡的自然律作為懲罰更厲害的招數？小我最後的殺手鐧，即是把這類天經地義的自然律歸咎於上主頭上。這類怪誕的觀點，在《聖經》裡可說屢見不鮮。縱然我們都被小我罪咎的重軛壓得喘不過氣，卻也不能不佩服小我手段的高明。

(6) 在這精心策畫的競技場內，憤怒的野獸逡巡覓食，仁慈在此無立足之地；於是小我挺身而出，為你解圍。上主既把你造成一具身體。好吧！讓我們高高興興地接受這一事實吧！既然身為一具身體，就不要輕易放棄身體所給你的一切。即使不多，也要盡量爭取。上主什麼也沒給你。身體才是你在人間的唯一救主。就這樣，上主被判了死刑，而你卻得救了。

這段話說得真是椎心刺骨，但如果我們足夠坦誠，便得承認這不只是傳統宗教的一貫信仰，更是我們自己牢不可破的信念。說到究竟，人間各宗教之所以如此教導，只因它們全都出

自小我之手。

　　這段話影射的正是我們千方百計在人間爭取的那一點點特殊性，不幸的是，我們真的這麼容易就滿足了！難怪耶穌在〈正文〉說過，問題不在於我們要求太多，而是要求得太少了（T-26.VII.11:7），也難怪他要我們好好正視自己是怎麼利用身體的：

> 你若認為這卑微之物能讓你心滿意足，你其實是在貶
> 低自己，也傷害了自己，…（T-19.IV. 一 .17:12）

　　耶穌另外在〈頌禱〉也力勸我們，切莫滿足於幾個小小的音符，卻寧可捨棄體驗整首歌曲的美妙。這是耶穌一再流露的肺腑之言，既然他已經給予我們全部的上主聖愛，我們為何還如此滿足於小我特殊性的贗品？乍看之下，這個冒牌貨還真的有模有樣，其實，它是那般卑微不堪：

> 因此，你祈求的並非那個回音。那首頌歌才是你想要
> 的禮物。為它伴奏的泛音、和音及迴音等，都是點綴
> 而已。在真祈禱中，你只會聽到那首主題曲。其餘的
> 一切都是錦上添花。只因你已先尋求了天國，其餘的
> 一切自然會賜給你。（S-1.I.3）

　　小我極力告訴我們，上主什麼也沒給我們，因為祂只給我們一具身體就將我們遺棄於此地，面對這種悲慘的處境，任何人都無力回天，更糟的是，祂還存心置我們於死地。接下來，

小我不斷耳提面命，人生在世只能盡人事聽天命，盡量為身體找樂子。看看《舊約》裡的〈傳道書〉和〈以賽亞書〉，那些先知異口同聲的悲觀論調：「讓我們吃喝玩樂吧，因為我們明天死定了！」（傳道書8:15，以賽亞書22:13）小我相信自己已然勝券在握，因為只要我們著眼於這具**有生又有死**的身體，上主與基督的永恆靈性立即變得虛幻不實。我們就這樣**驅逐**了上主的聖愛，**陷入**小我的特殊性裡。

(7) 這就是你眼前世界的普遍信念。有些人痛恨身體，故意折磨它、羞辱它。另一些人則愛戀身體，想盡辦法推崇它、榮耀它。然而，只要身體成了你自我概念的焦點，你就是在攻擊上主的救恩計畫，懷著你的怨尤與祂及整個造化作對；如此，你再也聽不見真理之聲，無法視它為道友而待為上賓了。你自己在人間選擇了另一位救主，來取代神的地位。於是，身體成了你的朋友，上主卻淪為你的敵人。

無可諱言的，凡是來到人間的，沒有一人不相信身體有隔絕上主的能耐，因為我們每一個人都選擇了以身體的形式進入世界。然而，若非神智失常，有誰會選擇地獄而不願待在天堂？我們都曾笑過柴郡貓給無助的愛麗絲的答覆，卻未必體會到作者路易斯卡羅（Lewis Carroll）話中的機鋒：

「往那條路去，」貓用右前爪指著路說：「住了一個帽匠；而那條路……」牠用另一隻前爪指著路說：「住了一隻三月兔。看你想要去哪，他們倆都是瘋子。」

「可是我不想跟瘋子在一起啊！」愛麗絲聲明。

「喔，那你可就沒法子了，」貓說：「我們這兒都住瘋子。我是瘋子。你是瘋子。」

「你怎麼知道我是瘋子？」愛麗絲說。

「你一定是，」貓說：「不然你就不會在這裡。」〔譯註〕

對神智失常的小我而言，愛惜身體或厭惡身體，其實是同一回事，兩者都一樣把身體當真了。難怪耶穌在「平安的障礙」那一節「兩度」提醒我們：不論我們認為身體可用來享福或受苦，其實毫無差別；只要我們相信身體有此能耐（T-19. IV. 一 .17:10~11; T-19.IV. 二 .12），它便被我們的知見弄假成真了，從此，靈性反倒淪為幻相。到後面的一百五十五課，還會繼續討論身體既可受苦亦可享福的兩面特質。

我們如此崇拜身體，追根究柢，只因我們不想聽到真理之音，因天音一現身，小我的存在當下就告終了。為此，我們不惜用內心的咎來消滅聖靈之音，然後把身體當作盟友，甚至奉為救主。

(8) 今天，我們將試著終止你對救恩的無謂攻擊。不但如此，我們還要歡迎救恩的來臨。你那是非顛倒的知見，對你內心的平安具有極大的殺傷力。你一直認定自己存於身體內，而真理

〔譯註〕摘錄自《愛麗絲漫遊奇境》林則良譯本（2012年1月出版）。

036 學員練習手冊 *行旅 3*

卻在你之外；因著身體的隔閡與限制，使你意識不到真理的存在。現在，我們要換個角度重新去看這一件事。

耶穌述說完所有的緣由後，開始懇求我們聆聽，期待我們重新選擇。他在〈正文〉的最後再次呼籲，說得更為懇切：

> 不論哪一種誘惑，不論發生於何事，它只教人一個課題。它企圖說服上主的神聖之子他只是一具身體，誕生於必死的肉體內，欲振乏力，連感覺都受制於它。身體為他的能力設了限，身體的能耐成了這人僅有的力量，他所能掌控的不出身體這一小小範圍。你可願活成這個樣子？如果基督在榮耀中現身，向你提出這一請求：
>
> > 重新選擇吧！你究竟想要躋身於救主的行列，還是與弟兄一起墮入地獄？
>
> 祂已經來臨了，正如此請求你呢！（T-31.VIII.1）

擺在眼前的選擇再清楚不過，而背後的問題也完全昭然若揭，至於答案，只等著我們作出那註定會作的決定了。

(9) 真理之光就在我們內，是上主親自將它放在那裡的。外在的這一具身體，不該是我們注意的焦點。無形無相的存在才是我們的本來境界。只要認出自己內在的真理之光，就等於認出了我們的真實面目。只要看清我們的自性與身體毫不相干，就

等於接受了上主的救恩計畫而停止一切攻擊。不論你在哪個環節接受祂的計畫，那個計畫就等於完成了。

現在，請回頭看第六十九課那張圖表（中譯本第二冊270頁）：真理之光存在我們心中（裡面的圓圈），身體則在烏雲裡（外面的圓圈）；決定要認同何者，完全操之在我。是的，我們實在需要不時回到〈練習手冊〉的初衷，也就是訓練我們回歸自己心靈的那個本意。唯有如此，我們才可能在違反自性的身體那套運作體系以及合乎自性的靈性之間作一選擇。然而，這個選擇的前提是，徹底看清抓住怨尤不放是多麼痛苦無望，同時了知自己其實是可以選擇上主的平安的。

(10) 今天「長式」練習的目標，就是意識到上主的救恩計畫已經在我們內完成了。我們必須以接受來取代攻擊，才可能完成目標。我們一發動攻擊，便無法了解上主對我們的計畫。為此，我們好似在攻擊一個自己一無所知的對象。現在我們就要試著放下自己的評判，向上主請教祂為我們所定的計畫：

天父，救恩究竟是什麼？我不知道。請告訴我，讓我了解吧！

然後，靜靜地等候祂的答覆。我們以前總是等不及聆聽上主的救恩計畫，就開始發動攻擊。我們大聲發洩自己的怨尤，以致聽不見祂的聲音。我們一直在用怨尤來緊閉自己的眼睛，塞住自己的耳朵。

　　先前我們已經花了不少篇幅討論《課程》的二元用語，這裡再度出現了類似說法，我就不多作解釋了。

　　耶穌要我們放下自己的判斷與怨尤，因為它們全是小我的「喧囂妄想」，只為了阻撓我們聽見上主救恩計畫的溫柔天音，也就是救贖之音。現在，我要再次引用一段有關特殊性的關鍵論點：

> 如果你請教、答覆與聆聽的對象，都是這一特殊性，你可能接收到聖靈什麼樣的答覆？上主不斷以愛讚頌你的生命真相，你卻一味聆聽特殊性的瘖啞回應。上主讚美你與愛你的雄偉讚歌，在特殊性的淫威下，只好噤聲不語。每當你豎耳聆聽特殊性的瘖啞之聲時，上主對你的呼喚必然不復可聞。（T-24.II.4:3~6）

　　由此可知，我們的判斷總是出自小我在潛意識裡的精心盤算，企圖將我們的注意力由心內的罪咎轉移到身體，尤其是有罪的弟兄身上。

(11) 現在我們願意去看、去聽、去學。「天父，救恩究竟是什麼？」問吧！你會得到答覆的。找吧！你會找著的。我們不再向小我請教什麼是救恩，以及該去哪兒找。我們要向真理問道。你放心，它的答覆必然真實不虛，因為你是向真神請益。

　　耶穌在此假定我們已經作了選擇，甘心放下怨尤，心無罣礙地聆聽真理，而且懂得在答案**所在**之處**尋找**答案了，那答案

正靜靜等著我們回頭。話說回來，救恩其實稱不上是個答案，它只是一個決定——我們終於能夠快樂地作出這個決定了。

(12) 每當你感到自己的信心開始消退，成功的希望搖搖欲墜時，不妨重複一遍你的問題及請求；請記住，你是在向無限的造物主請益，而且他已把你創造成像祂自身一樣了：

> 天父，救恩究竟是什麼？我不知道。請告訴我，讓我了解吧。

祂會答覆的。下定決心去聆聽吧！

　　幾乎在每一課的結尾，耶穌都會再次提醒，當我們快被攻擊與判斷的幻相所惑，即將忘卻此生任務的時候，要及時憶起他教導的真理。再說一次，判斷必然源自一個決定——**決心不聽**那為救贖發言的天音，拒絕由分裂及痛苦之境解脫。然而，只要想到耶穌的真理，我們自會憶起聖愛才是此生唯一的目的，在這一刻，所有的問題與憂慮必將獲得終極的答覆。

(13) 今天每小時只需作一、兩次「短式」練習就夠了，因為它們比一般「短式」練習稍長一點。練習開始時，應這樣說：

> 心懷怨尤，無異於打擊上主的救恩計畫。我願接受它了。天父，救恩究竟是什麼？

然後靜靜地等候一分鐘左右，最好閉起眼睛，聆聽他的答覆。

　　各位可注意到，今天的練習次數比以往少了一些。我們再

次看到耶穌並不想讓我們過於拘泥形式，他的用意就是要我們著眼於教誨的**內涵**，而不是所呈現或操練的**形式**，所以他才不斷改變每日練習的**形式**，**內涵**上卻始終如一。

第七十三課

我願光明出現

　　耶穌在本課繼續深入怨尤的課題。一開始，他就將「旨意」（Will）和「願望」（wish）作了一個對比。另在〈正文〉第七章有更為詳細的區分，用來凸顯小我只會「憑空希望」（wish），而靈性靠的則是「願力」（Will）。（T-7.X.4~7）

(1:1~2) 今天我們要反省一下你與上主共同的旨意。這與小我的無謂願望不可同日而語，它是黑暗與虛無的溫床。

　　小我的無謂願望，簡單說，就是與上主旨意分裂，在一體生命之外自立門戶，成為一個個別之我。這無謂的願望幻化出虛無與黑暗，形成了小我整個罪咎懼的思想體系，不消說，世界即是由此而生的。

(1:3~7) 你與上主共同的旨意，具有一切創造力。小我的無謂願望是無法與人分享的，故沒有任何力量。然而，這個願望

竟能造出一個令你堅信不疑的虛幻世界，為此，你也不能說它是全然無謂的。只是若由創造的層面來看，那確是徒勞無功之舉。因它營造出來的一切，沒有一個真的。

　　小我的無謂願望在實相之境一無所能，但在夢境裡卻能呼風喚雨。在真理層次，小我是徹頭徹尾的虛無，但在它自己的運作體系內，可說無堅不摧，它甚至相信自己已經摧毀了天堂。由於小我只知逞一己之能，並沒有天堂一體生命的大能，故絲毫不具創造力。它只能靠妄造的「能力」打造幻相，所以才稱之為無謂的願望。前文已提到，耶穌在〈正文〉多處舉出「上主的旨意」與「小我的願望」的強烈對比，現在我們來讀一段精闢的解說：

> 然而，上主靠的是願力，而非憑空希望而已。你的願力與祂的一樣強而有力，因為你的願力即是祂的旨意。小我的希望只是空想，因為它希望的是不可能存在之物。你有權利繼續夢想不可能的事，但唯有與上主同心，你才發揮得出願力。這是小我的弱點，卻是你的強項。（T-7.X.4:6~11）

(2) 徒然無謂的願望與你心中的怨尤乃是造出你眼前世界的元兇與共謀。小我的願望投射出這個世界，它需要怨尤維繫下去，而且把世界塞滿了好似攻擊你的人，讓他們受到應得的報應。這些人乃是小我雇用來買賣怨尤的交易員。他們會從中作梗，使你難以意識到弟兄的實相。只要你一著眼在他們身上，

就無從知道弟兄的真相，也不會悟出你的自性了。

　　耶穌所稱的「眼前世界」，並不是說外面真的有一個世界，我們只是看走眼而已，他其實是指我們眼前這個**知見世界**。這個知見世界並非由於我們因著妄念而錯看了的世界，而是我們認為「自己能夠看見」的這個幻覺，這才是耶穌真正要修正的。我們之所以打造出這個「被罪咎逼瘋的心靈妄想出來的」知見世界（T-13.in.2:2），就是想藉著投射的伎倆來掩護心靈的分裂決定。然後我們故技重施，再投射出一個世界來掩護原始的投射（亦即第一層投射）。而對他人心懷怨尤，則屬於第二層投射，更加鞏固了分裂的妄念體系；只因我們不但想跟他人撇清關係，還視他人為理應受罰的罪人。這類特殊之愛或特殊之恨，可說是小我的看家本領，不斷打壓自己與弟兄的基督真相，否定了我們同是上主的唯一聖子——既不可分割也毫無分別的上主聖子。最後，這一真相被需索無度的特殊性層層覆蓋，唯一自性共享的光明從此不見天日。

(3) 你原有的意願就在你來我往買賣著罪咎的怪異交易中失落了；每交易一次，怨尤就增強一分。這樣的世界怎麼可能是聖子與天父的共同旨意所創造出來的？上主豈會為其子創造出這樣一個禍端？創造既是聖父與聖子的共同旨意。上主豈會創造出一個世界來謀害自己？

　　我們再次看到，耶穌並不是感嘆這個世界充斥著生老病死、飛機失事以及各種天災人禍的悲劇，他直指的其實是整個

物質世界本身。這個知見世界屬於二元領域，在那當中，特殊關係大行其道，每個人都想從特殊性裡爭取某些甜頭，企圖以最低的代價從對方身上榨取最大的利益。這一個小我和另一個小我終日為了毫無價值之物斤斤計較，而且還機關算盡，這種交往形式不只古怪透頂，也不合乎我們原本的天性。對此，〈正文〉「選擇圓滿之境」那一節有一段非常露骨的描述：

> 小我在特殊關係中打造出來的自我概念就更加令人匪夷所思了。這個「自我」企圖藉用某種關係來滿足自己的需求。當它認為找到了一個能夠滿全這一目的的特殊關係，便會毫不吝惜地給出自己，想用自己來交換他人的自我。這不是合一，因其中沒有增長，也沒有推恩。雙方都設法犧牲自己不想要的自我，換成心目中更好的另一個自我。他會因為奪人所好之「罪」而感到內疚，因他知道自己回報之物一文不值。他當初既然會為另一個「更好」的我而放棄自己的我，這個「我」對他還會有何價值？（T-16.V.7）

奇蹟學員若接觸過《聖經》，不難看出《聖經》裡的神明和祂的兒女也攪和在這類古怪的交易中，搞得天怒人怨，使得小我的特殊性王國更加固若金湯，難怪《聖經》會吸引這麼多的讀者與信徒。但我們大可嚴正質問：「一體聖愛之神怎麼可能在這種神智失常的戲裡軋上一角？」

(4) 今天我們將再次試著進入你真心嚮往的世界。它必然光明

燦爛，因為它不再與上主的旨意作對。那還不是天堂，但天堂的光輝已經照耀其上了。黑暗已經消逝了。小我無謂的願望也隨之銷聲匿跡。照耀世界的光明既然只是反映你的願心，表示這光明必在你內，我們會找到它的。

這一段描述的就是真實世界。它雖然仍屬幻境，但因它已不再與上主旨意作對，故成為天堂之境的倒影。今天，我們懷著這份平安，站在夢境的邊緣，看清了物質世界的虛幻，終於能夠下定決心捨棄小我的分裂願望，**義無反顧**地親自選擇救贖。從此，我們心中只會洋溢著救贖的真理之光，這光明始終耐心地等著我們作出這一決定。

(5:1~4) 你對世界的看法只是反映你內心的一面鏡子。不論是光明或黑暗，它絕非源自外界。怨尤在你心上罩了一層陰影，你往外只會看到一個黑暗的世界。當寬恕掀開了那黑暗，重申你的意願，你便會看到一個光明的世界。

不論小我怎麼誆騙我們，真理與幻相也絕不在外頭，它們只可能存於心內。如今，我們對「投射形成知見」早已耳熟能詳，知道外面所看到的一切全是內心所見的投射。也因此，如果想在外面看到光明，就必須先在自己心內看到光明；如果想在心內看到光明，就不能不穿越心內的黑暗。正因如此，寬恕成為通往幸福光明的途徑，唯它足以化解人心的罪咎。

(5:5~8) 我們一再強調，怨尤的障礙並不難跨越，它阻礙不了

你的得救。理由很簡單。你真的想活在地獄裡嗎？你真的願意
繼續哭泣、痛苦、死亡嗎？

　　障礙之所以不難跨越，因為它僅僅涉及一個決定——我們
真的想活在分裂和攻擊的地獄嗎？只要真心接受耶穌的教誨，
明白一切痛苦，甚至死亡，全都源自這個決定，答案就變得十
分簡單了：改變心念，開始寬恕！

**(6:1~4) 不要理會小我的強辯，它一直想要說服你：這裡才是
真正的天堂。你知道這不是真的。這絕不是你想要的。幻覺最
多只能逞能到某個地步。**

　　換句話說，任何幻覺或幻相都無法帶來幸福，但是，我們
必須由衷確信耶穌這番話，才可能甘心接受他的幫助。特殊性
的種種幻相縱然能帶給我們一時的快樂，但無法持久，因為我
們打造特殊關係的初衷就是**不要**讓快樂持久，所以才說「幻覺
最多只能逞能到『這個』地步」。我們何苦追求一個註定會令
我們失望之物？耶穌反覆強調這個觀點，就是寄望終有一天會
打動我們的心而甘願從地獄折返回來。

**(6:5~6) 痛苦不是幸福，你真正想要的是幸福。這才是真實的
你之所願。**

　　耶穌再次提醒我們，看清自己在世的所作所為絕不會帶來
任何幸福。然而，除非我們接受這一事實，承認自己追求的特
殊性一點也無助於我們離苦得樂，否則我們是不會向他求助

的；即使求助了，也往往言不由衷。我先前已經解釋過，認清唯有耶穌方能教導我們分辨「痛苦與喜樂，束縛與自由，苦難與幸福」的天淵之別，這才是向他求助最關鍵的因素。

(6:7~9) **因此，救恩必也是你之所願。你既願今天的練習順利成功。讓我們懷著你的祝福與喜悅一起開始吧！**

除非我們真心把耶穌的協助當成一種祝福，否則他完全愛莫能助。為此之故，耶穌才如此苦口婆心要我們信任他之所言真實無誤，是我們顛倒錯亂了。如今，我們確實想要幸福，不再堅持自己是對的了（T-29.VII.1:9）。缺了這份堅定不移的信任，我們是不會甘心聽從他的教誨的。難怪他說，他需要我們的程度絕不亞於我們對他的需要（T-8.V.6:10）。是的，我們必須真心接受協助，救恩才會指日可待。

(7) **只要記住，是你自己想要得救的，我們今天就會成功。你願接受上主的計畫，因為你是那計畫的一部分。你的意願並不足以與它抗衡，你也無意如此。救恩是為你而設的。你最想要的莫過於那讓你憶起自己真相的自由。今天，小我在你的願心前束手無策。你的意志自由了，沒有一物能夠與它作對。**

耶穌繼續為我們打氣，要我們念念不忘自己多麼想要他的救恩，而非小我的救恩；而且務必隨時記得，我們究竟是自由或被困的，全然操在自己手中。當我們受外境所惑而遺忘初衷之際，他再次提醒我們：即使**外在**及**內心**的小我看似來勢洶

洶,但若非自己暗中默許,它們對我們必是一無所能的。他在〈正文〉中也說過,小我是抵擋不了我們的意志或願力的:

> 天國是完美的一體,徹底安全無虞,小我永遠侵犯不了它。(T-4.III.1:12)〔原註〕

這正是我們希望及喜悅的泉源所在。

(8) 因此,讓我們快樂且自信地開始今天的練習,堅信我們一定會找到你所要的東西,而且憶起你願記起的事情。沒有一個無謂的願望牽制得了我們,它虛幻的力量再也欺騙不了我們。今天,你的意願必將完成;曾幾何時你以為自己選擇了地獄而非天堂的那個神智不清的信念,從此一逝不返。

耶穌繼續打氣,他要我們明白,小我虛幻的願望純粹只是虛張聲勢,與我們的願力完全無法相提並論,因為我們的願力和造物主的旨意原是一個,而且毫無分別。

(9) 開始「長式」練習之前,你需要認清,唯有上主的救恩計畫是你真心所願的。沒有任何外來的勢力將此目標套在你頭上,逼你就範。那是你今世與天父同心協力要完成的目標。你今天就會成功,今天就是上主之子由一切無聊願望的地獄中解脫的時刻。如今,他終於意識到自己的真正意願。他願今天就看到自己內的光明而得救。

〔原註〕原文是斜體字,此處省略。

　　耶穌要我們按照他的指示如實操練。在長式練習中，認真反省自己竟想與上主的旨意作對（就算我們能夠做到），是多麼荒謬的事！他還要我們正視這一錯誤所導致的不幸和痛苦；感受一下，若不再聽從那個總是和真理唱反調的小我，我們會活得多麼幸福！如此修持，等於向那始終臨在的上主旨意打開大門，天堂的意識便會重現於我們心中，一舉替換了先前自己為了取代天堂而打造的地獄。

　　請特別注意，我們必須由衷樂意接受耶穌的教誨才行，否則我們根本不會真心操練，只是做做表面功夫而已。耶穌在〈正文〉開始不久便要我們高度警覺自己內在的矛盾──我們打從心底並不真想接受他的教導，只是一味敷衍了事：

> 你會去做你認為應該做的，卻做得心不甘情不願。你的行為縱然前後一致，內心卻受到極強的拉扯。在上述兩種情況中，你內心的感覺與外表的行動無法表裡如一，致使你總在做些自己並不真想做的事情。那種「不得不」的壓迫感容易激起內心的怨忿，最後只好投射出去。（T-2.VI.5:4~7）

　　正因如此，耶穌才會反反覆覆百般叮嚀「放下怨尤」對我們的種種益處。他期望我們**打從心底**去寬恕。唯有如此，我們才會真心誠意而且滿心歡喜地寬恕。

(10) 這樣提醒自己以後，下定決心把你的意願清清楚楚地守在心中，溫柔、堅定、寧靜而肯定地向自己說：

我願光明出現。我要去看那反映出上主與我的旨意的光明。

然後讓你的意願重申它自己，與上主的大能結合，同時與你的自性合一。把練習所剩下的時間都交託給祂們指引。亦步亦趨地跟隨祂們，一起邁進。

千真萬確，我們唯一能做的，就是在心內與上主及基督結合。我們的聯合願力才會從自己開始大放光明，將整個聖子奧體籠罩在一體聖愛之內。這個過程不但反映出整個造化之光明願力，還道盡了療癒的真諦。奇蹟學員所熟悉的奇蹟志工之守則（又稱為救恩禱詞），最後一條生動地描述了這個過程：

> 我在這兒，純粹為了利益眾生。
> 我在這兒，只代表派遣我的那一位。
> 我不擔心自己該說什麼或做什麼，派遣我來的那一位
> 自會指點迷津。
> 祂希望我去的地方，我必然欣然前往，因我知道祂與
> 我同行。
> 只要我肯用祂的方式去治療，我便療癒了。（T-2.
> V.18:2~6）

《奇蹟課程》一課一課帶領我們，一邊接受療癒，一邊以同樣方式療癒他人；一面接受寬恕，一面如法學習寬恕；同時接受愛，同時也如法學習愛。

(11:1~5) 在「短式」練習中再次聲明你的真實願望。且說：

我願光明出現。黑暗絕非我之所願。

最好在一小時內複誦好幾遍。

不論小我妄想出什麼驚世駭俗的異象，我們只需隨時牢記，自己的願力和上主旨意原是同一回事，這一願心足以反映出我們的決心。只要我們切身體驗幻覺只會孳生黑暗，唯真理之光能釋放我們；而且，這一光明就是我們身為上主之子的光明，也是上主按照自己的真相而創造的自性之光。如此時刻儆醒，我們的願心自然會日益增強而牢牢鞏固的。

(11:6~7) 最重要的還是怨尤浮起時，立刻發揮上述的觀念。這會幫你放下怨尤，不再東塞西藏地把它們收回陰暗的地窖裡。

雖然我們已經認清自己的攻擊念頭和怨尤心態其實是在打擊上主的救恩計畫，絕對不可能帶給自己幸福，但是，耶穌在此照常殷切提醒我們要特別留意那些念頭和心態。現在，我們終於明白自己為何如此重視判斷，只因判斷不但能保住自己的個體性，而且可以將基督光明打入黑暗的深淵；然而，殊不知我們為了這種防衛機制而付出多麼慘痛的代價。一旦看清這個事實，我們自然愈來愈容易放下怨尤，捨棄小我的暗夜而選擇聖靈的光明。

第七十四課

除了上主的旨意以外，沒有其他的旨意存在

(1:1) 今天的觀念可以視為所有練習的最終核心觀念。

　　耶穌這句話重述了我們唯一的責任，即是親自領受救贖。自從小我把那小小瘋狂一念當真，就認定天人分裂已成為既定的事實，這無異於宣稱：「聖子已經在造物主的旨意之外打造出另一種意願，而聖子的『旨意』即是為自己打造一個獨立自主的個體。」小我整套的思想體系就是由這個前提推演而出的，整個物質宇宙也於焉誕生。如此一來，小我本身成了「上主旨意之外確實有另一旨意存在」的有力聲明，它和救贖原則「**除了上主的旨意以外，沒有其他的旨意存在**」壁壘分明。要知道，任何念頭若在上主旨意之外，必屬虛妄，故也完全沒有存在的餘地。〈教師指南〉在解釋分裂時，言簡意賅地陳述了同一理念：

在時間領域內，那是發生於很久以前的事。在實相裡，它從未發生過。（M-2.2:7~8）

　　總之，耶穌強調的是：「除了上主的旨意以外，沒有其他任何的旨意存在。」這是本課和前後幾課練習的核心觀念，也是「所有練習的最終核心觀念」。說到究竟，整部課程的宗旨所在，無非是教導我們如何親自接受救贖，否定小我思想體系的虛妄；因為它完全出自瘋狂一念，而「上主之子竟然忘了對它一笑置之」（T-27.VIII.6:2），才將它弄假成真的。從此，個體生命開始相信在上主旨意之外還可能擁有自己的旨意。

(1:2~3) 上主的旨意是唯一的旨意。你只要明白這一點，就不難認出你的意願其實就是祂的旨意。

　　「這一點」，正是小我最不想讓我們知道的真相。因為我們若與上主擁有同一旨意，表示分裂不可能存在，這等於是換個角度重申了救贖原則，也因而化解了小我。更嚴重的是，上主之外若無他物，表示我們既無選擇的餘地，更無抉擇者可言了。然而，聖靈始終將這個救贖之念護守於我們心中，故小我深恐我們有朝一日選擇認同救贖，它於是不得不想出一套「去心」(mindlessness)的計謀；也因之，形相世界就這麼冒出來了。小我這種深不可測的恐懼，下面這一段〈正文〉短短幾句就完全表露無遺：

　　你害怕知道上主的旨意，因為你認定那絕不可能也是

你的意願。這個信念成了你所有疾病與恐懼的溫床。
（T-11.I.10:3~4）

(1:4) 你以為兩者無法並存的信念便破除了。

小我的思想體系雖然在〈正文〉描述得更為詳盡，但〈練習手冊〉這幾課也頗能為我們勾勒出小我的整個藍圖，因此我才不厭其煩逐字逐句加以解釋。在上主旨意之外，如果我們還保有自己的旨意，在小我眼中，我們的旨意無疑就成了自己打敗那個頭號大敵的戰果，表示我們一定贏了這場大戰才可能享有這個美妙的「個體生命」。但在同時，小我卻又把這場勝利視為**滔天大罪**，令我們感到**罪孽深重**，於是不得不投射出去——我們的神明就是按照這個自我形象打造出來的。就這樣，上主成了被罪冒犯的神明，開始大發義怒，伺機報復，我們理所當然應該**恐懼**神的反擊。大家應該還記得前文討論過的第二及第三條無明法則（T-23.II.5~8），特別著墨於這位憤怒的報復之神。說到底，世間的每一個人，不論有無宗教信仰，心中都懷著這樣一個神明形象。這個形象與《聖經》的描繪完全不謀而合，特別是《舊約》那位神，祂確實把罪當作一回事，不斷伺機報復。

自從我們把罪投射出去以後，心靈好似成了永恆的戰場，**那**才是人類內心衝突的本質。這場衝突起源於天人交戰，因為我們相信自己冒犯了上主，罪孽深重，理當受到報應。毋庸贅言，那樣的神明絕不可能是真的上主，但在「我們一個個都

是獨立的生命」這個信念打造出來的瘋狂夢境裡，衝突顯得真實無比，令我們不得不壓抑這個可怕的念頭，再藉著投射的威力，終而打造出一個遍地烽火的世界。我們就是這樣把內在衝突推到外界的，難怪我們會認定世上每個人、每一物都在跟自己交鋒，這不過反映出那原始衝突的一絲陰影而已。不論這陰影化身為生死大敵（即特殊的恨），或曖昧不明的對象（即特殊的愛），衝突一直都在。這場戰役不只是跟某人開戰，更是跟生命本身纏鬥，接下來，死亡就成了它的高峰。正如佛洛伊德所說的，我們從誕生那一刻就在準備死亡。可以這麼說，終歸一死之念乃是世上所有人心中最根本的衝突，而它不過反映出人類與上主原始衝突之冰山一角而已。推到究竟，這一切全都來自「我們在上主旨意之外，還有自己的旨意」這個瘋狂信念，認定我們必已毀滅了上主，才可能贏得自己的意志；如今，祂東山再起，要置我們於死地，奪回我們自以為從祂那兒盜取的生命。

(1:5~6) 你以為自己被矛盾的目標搞得左右為難的怪異觀念，也會被平安取代。代表著上主旨意的你，除了祂的目標以外，此生已無其他目標。

現在，各位不妨回想一下耶穌在第二十四與二十五課所闡釋「我認不出什麼是對自己最有益的事」之深意，在練習中，他要我們找出一個問題，想一想最佳的解決方案。耶穌提醒我們，只要誠實地操練，不難發現自己的目標一直在相互矛盾，

卻始終難以取決哪一個對自己最好。前一刻認為這個方案最好，下一刻又覺得另一個更好，逼得自己永遠在游移不定的目標之間挑來選去。耶穌以此為例，讓我們深刻體會自己其實什麼也不懂，更搞不清楚什麼是對自己最有益的事。

　　無可諱言，我們在現實生活不時面臨種種難以取捨的矛盾，這不過反映出心靈在上主與自己之間舉棋不定的原始衝突罷了。其實，那個衝突始終存在我們的心內。小我投射出來的上主純屬虛構，也不在外面，充其量，只能說是分裂心靈的一個碎片。換言之，小我所感到的衝突不外乎「非此即彼」或「若不痛下殺手就得坐以待斃」這類矛盾心態之外顯而已；所有我們認為迫害自己的那些人物也一樣只是夢中的角色，根本是妄念體系編出的幻影。然而，只要能片刻放棄小我的思想體系（跳出衝突、罪及個體性），重回聖靈的懷抱，表示我們已經接受了救贖。那時，我們的生命只有**一個**目標，而且已經接受它了，就是憶起自己的真相而回歸天鄉。

(2:1) 今天的觀念本身蘊藏著很深的平安，今天練習的目的就是要找出這個平安。

　　老實說，**唯有**這一觀念方能帶給我們平安。它可能以種種不同的形式呈現，但終究而言，它的真義即在：唯有接受「我們不曾與上主分裂，故也不可能與任何人或任何事物分裂」這一觀念，此生才可能真正心安。

(2:2~4) 這觀念本身徹底真實不虛。因此，幻覺無法從中滋生。幻覺一除，衝突便無處立足了。

　　這裡所謂的「幻覺」，指的是小我要我們相信的那一切。為此，我們一旦掉入小我的基本前提（即除了上主旨意之外，還有其他的旨意存在），還把它這個小小瘋狂一念看得極其嚴重，其餘的幻覺便順理成章地簇擁而出了。比如說，我罪孽深重、害怕懲罰、不配真愛，甚至於「我若留在心靈層次，下場堪憂」這類的幻覺。為了保護這個剛剛到手的自我，我不能不將自己與心目中那位上主的矛盾投射出去。這個問題層出不窮的世界就是如此這般打造出來的，從此，所有的問題好似都發生在自心之外了。

　　話說回來，這一切全都是幻相，而幻相的元兇不外乎「我不接受救贖原則，或是我不相信上主旨意之外沒有其他的旨意存在，更不相信分裂不曾發生過」。對此，我們若能好好正視這些幻覺而且甘心放下它們，衝突便無由滋生了。也就是說，「自己不願面對的罪孽深重之我」以及「我把自己罪孽深重的那一部分投射而成的上主形象」兩者之間的矛盾便消失了。只要我們能夠不再聽信小我那一套罪咎之思維，所有衝突幻相自然隱退，人間一切苦難也就到此告終了。

(2:5~3:1) 今天讓我們試著認清這一點，並感受一下這種認知所帶給你的平安。

開始作「長式」練習時，慢慢地複誦幾遍這觀念，下定決心去了解它的深意，並且謹記於心：

　　我先前多次提醒，切莫將〈練習手冊〉的練習語當成肯定語來操練，這正是新時代思潮最常見的手法，企圖用正面思維來喝止小我的負面思維。不證自明，這種手法成效很差，最多只能把負面的念頭壓制到潛意識裡，不幸的是，凡是壓抑下去的念頭必會另覓出路的，結果不是用判斷攻擊他人，就是用疾病傷害自己。

　　耶穌在此絕非鼓勵我們把真理帶入幻境，更不是要我們把這些練習語所代表的真理帶入自己深信不疑的幻境；反之，他要我們把小我的虛幻念頭帶到這一真理前。打個比方，每當煩惱怨尤生起之際，我們需要將這些情緒，連同自己認定的起因，一併帶到「這一切全是自己編造的」這一真理前；而我們之所以能確知一切全是自己捏造的，只因「除了上主的旨意以外，沒有其他的旨意存在」。

　　再說一次，不要用這些練習語來喝止自己的小我，而應把小我充滿罪咎及判斷的嘈雜喧囂帶到本課的溫柔正念之中。這種操練方式並不限於這幾課的練習，而要廣泛應用在所有的練習。唯有如此，我們才敢說：

(3:2~3) 除了上主的旨意以外，沒有其他的旨意存在。我不可能陷於矛盾的。

　　說更明白一點，每當你在這一天中發現自己心煩意亂時，請誠實審視小我，便會明白，你先認定自己是由於和某人某事起了衝突才開始煩惱，因此他們成為你心目中的痛苦之「因」、問題之「源」，這時，只要想起這句「除了上主的旨意以外，沒有其他的旨意存在。我不可能陷於矛盾的」，你才可能真正明白，眼前的衝突全都源自於「你與上主有了矛盾」這個原始一念。不論你是因某人而苦，或因疾病而苦，或因外境種種的限制而失去平安，終極說來，都是因為你相信自己已經與造物主分裂的緣故。綜結而言，所有的衝突都影射了二元對立之境，反映出小我分裂幻境的本質；相反的，上主旨意所呈現的卻是我們聖子的一體生命之真相，那是遠遠超乎二元的境界的。

　　可以說，本課繼續加強對我們的訓練，讓我們試著隨時隨地（不限於本課）都能看穿所有隱藏在煩惱、憤怒、沮喪、焦慮與恐懼背後的小我思想體系，也就是在耶穌陪伴下正視小我。能夠如實做到這一點，我們就已經達到本課的要求了。耶穌在〈正文〉開始不久便明白指出，他就是救贖（T-1.III.4:1），在夢境中，他代表的就是「除了上主的旨意以外，沒有其他的旨意存在」那個境界，他的慈愛永遠臨在我們心中，這份愛本身證明了聖愛與我們之間沒有任何隔閡。不僅如此，下文還告訴我們，沒有一物**可能**在聖愛與我們之間從中作梗：

(3:4~9) **再花幾分鐘的時間，增添幾個相關的念頭，例如：**

> **我活在平安中。**
>
> **沒有任何事情騷擾得了我。我的意願就是上主的旨意。**
>
> **我的意願與上主的旨意是同一個。**
>
> **上主願祂的聖子活得心安理得。**

耶穌繼續指導我們具體的操練方式：

(3:10~13) **你尚在入門的階段，心中若出現任何矛盾的念頭，務必即刻處理。馬上對自己說：**

> **除了上主的旨意以外，沒有其他的旨意存在。**
>
> **這些矛盾的念頭毫無意義。**

　　再說一次，耶穌絕對無意要我們遏止痛苦，或否認自己與某人某事的衝突，他只希望我們把痛苦帶到他這兒來。印度大師克里希納穆提在世時也十分強調「與痛苦同在」，但這與自虐完全是兩回事，真正用意是拜託他的學生別再遮掩痛苦，而應穿越過去，才會經驗到痛苦背後的愛。回到本課程的教誨，便是將痛苦帶到耶穌那兒，他必會帶領我們一起穿越的，平安就在小我的衝突迷陣之後等待著我們。

(4:1) **如果有個衝突顯得特別棘手，不妨個別處理一下。**

　　耶穌在前後的幾課一再要求我們留意自己的心態，細察自己的矛盾想法，如此，我們才有機會直搗那些煩惱背後的分裂

之念，那才是具體衝突真正的罪魁禍首。一碰到「特別棘手」的衝突之境，耶穌不僅沒叫我們迴避，反而要我們格外注意，而且要「個別處理一下」，也就是交托給他，我們才知道如何面對內心的罪咎，而後將之釋放。

(4:2~5) 先簡短但非常具體地想一想此事，而且指稱出事件所牽涉的人物，然後告訴自己：

> 除了上主的旨意以外，沒有其他的旨意存在。我與祂
> 共享這一旨意。
>
> 我與 ＿＿＿＿＿ 之間的衝突不可能是真實的。

也就是說，如果想要切身感受到你我之間的衝突其實虛幻無比，我就必須先接受一個事實：是我自己把這些衝突弄假成真的，而且還**非常當真**。這才是衝突的真正起源。然而，我們必須勇於正視現實生活的衝突，才有機會回溯到衝突的源頭。沒有錯，學習如何去看，這一過程正是《奇蹟課程》的精華所在。它一再提醒我們，若要看出一個名堂，總得找對地方，然後把焦點放在抉擇者那一部分心靈，因為一切問題都是由那兒衍生的。這個重要至極的觀點，耶穌在〈正文〉第五章的結尾下了最好的註腳：

> 化解的過程雖不是出自於你，卻是上主在你內進行的大事。你的責任只是將自己的想法帶回到當初犯錯的那一點上，安心地將它託付給救贖。（T-5.VII.6:4~5）

　　耶穌在另一處討論衝突時曾說，解決之道在於聖靈的慧見；而無疑的，《奇蹟課程》的宗旨就是將此一慧見帶給所有的人：

> 聖靈無需攻擊就能化解幻相，因為祂對幻相一向視若無睹。因此幻相對祂根本就不存在。祂解決這些幻相的表面衝突之法，就是把它們當作毫無意義之事。我先前說過，聖靈能看清衝突下面的底細，那是完全不可理喻的。聖靈並不要你去了解衝突，反之，祂要教你看出，衝突既然毫無意義，故沒有什麼好了解的。（T-7.VI.6:1~5）

　　正因如此，耶穌才殷切叮囑我們，務必誠實地正視衝突，我們才有機會跨越過去，看清它**背後**的真相。

　　本課練習的第一部分到此結束，下面開始第二部分：

(5:1) 當你這般清理自己的心念之後，閉起眼睛，試著感受一下你的實相所賦予你的平安。

　　換句話說，我們必須先意識到這些障蔽眼目的念頭，也就是耶穌先前帶領我們穿越的烏雲（第七十課），因為上主的平安就棲息於防衛機制的重重雲層背後。也因此，耶穌反覆叮嚀我們，若不化解衝突，平安不可能重臨心中；唯有穿越黑暗，光明才可能重返；同理，唯有正視心中的恨，我們才可能再度憶起愛。

(5:2~4) 深入其中，讓整個人沉浸於內。你可能會把這種嘗試誤認為一種退縮，但你不難測出兩者的不同。若進行得順利，你會感到很深的喜悅，更加清明醒覺，絕非那種死氣沉沉的平安。

許多人一開始冥想或操練每日課文，總會感到昏昏欲睡。這一段就是針對這個現象而說的。耶穌要我們明白，昏睡其實是一種防衛機制，為的是保住我們的恐懼。確實如此，我們並不是因為過於疲勞或練習不力才昏沉的，而是因為我們害怕平安之故。反之，當我意識到自己的衝突念頭時，通常是不會睡著的。我們不妨捫心自問，為什麼衝突之念生起時，我們往往清醒無比，直到雜念逐漸平息，慢慢接近上主之平安時，我們才會開始昏昏欲睡。請看看，答案昭然若揭——平安威脅到小我了。因為平安等於宣告「除了上主的旨意以外，沒有其他的旨意存在」，也等於聲明「我們的旨意與上主旨意是同一個」。這個真相表示分裂不曾發生過，而且**我們**也不曾存在。對小我而言，**那太可怕了**！自洪荒以來，沒有比失去自己的個別身分更可怕的事了！

為此之故，練習時，不論我們累得昏昏沉沉或是恍恍惚惚不知想到哪兒去了，都請記得，切莫批判自己雜念紛飛，也無需因此感到內疚；只需明白自己的分心純粹是因為害怕本課的目標——平安，如此就夠了。

(6) 喜悅乃是平安的特質。這一經驗會讓你意識到自己已經找

到了。你若感到自己有逐漸萎縮或逃避的傾向，立刻複誦一下今天的觀念，重新開始。配合自己的需要練習，多多益善。縱然你仍未感受到自己所渴望的平安，也設法不讓自己退縮回去，你必會從中受益的。

可以說，這一段話為我們打了一劑強心針。耶穌如此溫柔地點出，我們很可能會對這幾課心生抵制。既然連他都料到我們的反彈而不責怪我們，我們大可不必因為忘了練習或練習沒多久就陷入昏睡而自責了。

只要我們給自己一個機會，越過這些憤怒、沮喪及衝突之念，當下便會感受到平安與喜悅，因為我們知道自己不僅已被寬恕，而且不曾在充滿愛與光明的心靈留下任何後遺症。話說回來，我們若想經歷這種喜悅，必須先接納那充滿罪咎與失敗的自我概念才行。請記得，操練〈練習手冊〉過程中的「失敗感」，其實是我們正視小我那些自我概念的最佳時機，如此，我們才能穿越它們，回到隱身其後的自我真相。

(7) 今天不妨預先排出時間，定時作「短式」練習；練習時，請向自己說：

> 除了上主的旨意以外，沒有其他的旨意存在。我今天
> 要去尋求祂的平安。

然後，試著找出你所渴望之物。每半個小時練習一、二分鐘，若環境許可，閉起眼睛作，你就算是善用今天的時間了。

　　如果心靈的平安真的是此生的目標，我們必會迫不及待地練習這一平安法門的；隨時隨地憶起當天的練習，便成為我們由衷渴望的具體表徵。為此，即使忘了每半小時練習一兩分鐘，反映出自己那種欲迎還拒的心態，這時只要更加警覺內在的矛盾，再次給予自己機會，寬恕那拒上主於千里之外的「罪」。唯有這樣的心態，才是操練〈練習手冊〉的關鍵。是的，在耶穌的陪伴中，我們會念茲在茲，時時儆醒的。

第七十五課

光明已經來臨了

　　耶穌在本課所談的是「真實世界」。他秉持〈練習手冊〉的一貫風格，繼續向我們精神喊話。然而，即使表面上說得一片光明，耶穌顯然並不指望他的學生今天就能與光明認同，否則這類訊息不會反覆出現於〈練習手冊〉。可以說，這些鼓舞人心的話不過提醒我們，在憤怒、判斷、痛苦、焦慮所交織的烏雲幻相背面，光明確確實實存在。它是真實世界的真理之光，始終在小我分裂且瘋狂的陰森夢境之外熠熠照耀著。

　　現在，我要先點出一個重要觀念，它好似樂章的主旋律，不斷對我們訴說：並非光明來臨，而是我們終於邁向光明了。縱然在我們的體驗中，是光明進入心中；但事實上，光明不曾離開過片刻，它始終在我們心內照耀。只因當初決定遠離光明的是我們，因此，如今要返回光明也只能靠自己。如果僅僅看本課的文字表面，光明的來臨彷彿跟我們的心境沒有任何關

聯，是它自己大剌剌地進來的，果真如此，豈非影射了曾幾何
時它也兀自離開我們？

　　為此，我們務必了解，《奇蹟課程》的用字遣詞常常運用
象徵手法。本課真正要傳達的訊息是：當初既然是我們執著
於小我的分裂幻相以及個體性而離棄了光明；如今，也只有靠
我們自己才能意識到這個錯誤選擇，從而看清小我的幻相，除
了黑暗，它從未帶給自己幸福。唯有領悟這點，我們方能說出
「一定另有出路才對」，轉而設法尋回自己所離棄的光明。其
實，問題不單單在於我們離開了光明，小我還一路恐嚇，說我
們不僅背叛了光明，還遺棄甚至毀滅了光明代表的愛！從此，
我們控訴自己罪孽深重，萌生極其深重的罪咎和恐懼，最後不
得不把罪咎投射出去。那個與自己十分肖似的上主形象，就是
如此這般打造出來的，整個世界所反映的也正是這種充滿分
裂、罪咎及攻擊的自我概念。

　　我們一旦意識到自己不過犯了一個錯誤，聽信了錯誤的嚮
導而步入歧途，內心便會憶起那位神聖嚮導，開始向祂求助。
祂的聖愛令我們明白，自己以為的罪不過是個錯誤，而且早
已被愛修正了。如此一來，罪咎、否認或投射再也沒有立足之
地，世界也無從孳生了。到達那一境地，我們才算進入了內在
的光明，也就是《奇蹟課程》所說的真實世界。

(1:1~2) 光明已經來臨了。你已經痊癒了，你也能治癒別人。

「我已痊癒」的意思是：我心內的分裂之念以及一切的苦果都已經一一化解，上主之子終於恢復了自己受造之初的原貌。如此，才表示我已然拒絕小我的黑暗，接受了救恩的療癒之光，成為一位療癒者。既然聖子奧體和我是同一生命，自然與我也一併痊癒了。這正是第一百三十七課「當我痊癒時，我不是獨自痊癒的」之深意。

(1:3~4) 光明已經來臨。你已得救了，你也能拯救別人。

「你已得救，也能拯救」以及「你已痊癒，也能治癒」，這兩句話前後緊密呼應，表示我們已經從自己的錯誤選擇以及罪咎所引發的種種痛苦中脫身了。在那神聖的一刻，我們成了上主唯一聖子的化身，和耶穌一樣，成為棄絕黑暗而選擇光明的正念象徵。

(1:5) 你活在平安中，不論你到何處，平安都與你同行。

這是基於「觀念離不開它的源頭」的道理。在這一整天，不論身在何處或埋首何事，我們的正念之心會充滿光明（其實這光明始終都在我們心內）。我們並非如何刻意地隨身攜帶什麼光明，它的呈現是如此渾然天成，毫不費力，只因光明對心靈而言，就猶如呼吸之於身體，乃是它的本有本然。「觀念離不開它的源頭」，身體和它的妄作（如攻擊與判斷）一樣不曾離開它的源頭（即妄心中的罪咎之念）；同理，身體一旦成為耶穌的仁慈道具，照樣離不開它的源頭（即正念之心內的光明

之念）。平安的光明會自動透過上主之子的心靈向外散發，這是「不論你到何處，平安都與你同行」這句話的深意。

(1:6~7) 黑暗、混亂及死亡已經消逝。光明已經來臨了。

　　請記住，這兩句話也是根據「非此即彼」的原則。雖然小我一向利用它充當攻擊的藉口：「我若不宰了你，你就會宰掉我。」但耶穌也能善用同一原則，卻賦予截然不同的內涵：「只要我與光明結合，黑暗便無以為繼；這並不是因為我打敗了黑暗，而是黑暗一碰到光明，自然便消失了蹤影。」由此可見，耶穌眼裡的「非此即彼」原則純屬「非二元」的境界：一體光明一旦出現，黑暗與分裂立即遁形，只因我心靈之意願與上主旨意全然一致。更何況，除了上主旨意之外，沒有其他的心靈或旨意存在，那麼，分裂豈有存在的餘地？綜合言之，這兩種老師都能發揮「非此即彼」的原則，小我把它當作攻擊與謀害的藉口，聖靈則藉由它傳遞救贖，給人一顆定心丸——天人之間不曾分裂過。

(2:1) 今天我們要慶祝你漫長的靈夢終於有了幸福的結局。

　　請把這句話當成耶穌的「精神喊話」。不過，如果你今天感到沮喪或悶悶不樂，可別用這句話來批判自己又搞砸了。在〈練習手冊〉的結尾，耶穌曾說過，這個課程只是一個開始而非結束；整部〈練習手冊〉也處處透露了他絕不期待你此時此刻就能終結小我的夢境。雖然如此，在精神喊話之際，他仍不

遺餘力地用這個救贖原則來提醒你：光明已經來臨，因為它從未離開過你。

　　在整部〈練習手冊〉中，耶穌不斷從各種角度提點我們，我們心中還有另一套思想體系，完全不受小我左右。但問題是，在我們心目中，除了小我以外，其他都不存在；我們對上主、耶穌和救恩的詮釋也完全依照自身特殊性的需求，幻想身外的某人某物會來拯救我們，絲毫意識不到另外一位導師的存在。說得更露骨一點，我們根本不認識夢境之外的耶穌，只熟悉那「存心嘲弄真相的夢境」中的小我（《天恩詩集/暫譯》P.121）。正因如此，耶穌才藉著本課這種說法，來提醒剛剛起步學習寬恕的我們：每個人心中還有另一位導師，祂終將引領我們重見光明，驅散苦難與死亡的噩夢；而且，這光明有上主為我們擔保。

(2:2) 如今，陰森的夢境已經消逝。

　　再換個角度來講，耶穌在本課給予我們一個人生的理想，就是徹底與光明認同，縱然他明知我們在覺醒前還有好長的路要走，但至少我們已經知道目標何在以及如何抵達了。我們也可以把本課視為耶穌的邀請，他好似說：「你若跟隨我的教誨，仔細研讀我的〈正文〉，用心操練每天的練習，你的噩夢必會消散而享有平安的。但如果你還堅持自己的方法比我的更好，那麼，這場分裂、特殊性和個體性的夢魘就會永無止盡地持續下去了。你真的願意為它們付出那麼大的代價嗎？」

(2:3~4) 光明已經來臨。今天，光明的時代已為你、也為所有的人開啟了。

如果基督之光照耀著我，必然也照耀著所有的人，因為我們屬於同一基督。這個觀點不論重複多少遍都不為過。也因此，這句話不只是說「光明已經來臨」，它還意味著：「我已經選擇了光明來取代小我追逐個體利益的噩夢，我也明白那光明是為整個聖子奧體而來的，因為在聖靈的幸福之夢裡，每一個人的福祉都同等重要。」

(2:5~7) 在這新紀元，一個新的世界由此誕生了。舊的世界業已過去，且無跡可尋。今天我們會看到一個全然不同的世界，因為光明已經來臨了。

耶穌說：「舊的世界業已過去，且無跡可尋。」這讓我聯想到自己最愛引用的一句話：「你連天堂之歌的一個音符都不曾錯過。」（T-26.V.5:4）請記得，過去的罪孽絲毫影響不到現在。接下來，這段的「今天」一詞，並不是指小我罪咎眼光下的現在，而是神聖一刻的現在。我們一旦進入嶄新的真實世界，把寬恕當成我們的處世原則，不再發動攻擊，小我的整套體系就此瓦解了。不少學生曾問過我，當人們從夢境徹底覺醒之後，是否還會記得夢中那個世界？答案是「否」，**因為那個世界不曾存在，故也無可記憶**（nothing to remember）！舊的世界一旦消逝，不會在新世界殘留任何痕跡的。過去的便永遠過去了，因為它不曾真正存在過。

(3:1) **今天的練習充滿了歡樂，因舊的世界消逝了，新的世界開始浮現，我們為此感恩不已。**

　　「舊的世界消逝了」，不是因為耶穌或這部課程做了什麼，這個成就完全是靠我們發揮了心靈的選擇能力。耶穌在此讓我們驚鴻一瞥，自己一旦放棄了個體性、特殊性以及判斷等等幻相之後，世界竟是如此美妙，正如我們反覆引用的這段〈正文〉：

　　你若不以評判的心態對待自己及你的弟兄，那種如釋
　　重負的平安絕對超乎你的想像。（T-3.VI.3:1）

(3:2) **過去的陰影再也無法遮蔽我們的眼光，隱藏不了寬恕所帶給我們的世界。**

　　請注意，這一小段話其實另有弦外之音：過去的陰影（也就是罪咎所殘留的痕跡）著實會遮蔽我們的眼光，令我們看不到「寬恕所帶給我們的世界」。換句話說，我們的攻擊與判斷之念絕非無心而發，而是別有所圖——我們存心用它們來隱藏寬恕所帶來的光明世界。故唯有透過寬恕，才開啟得了深深封鎖的心靈，體驗到隱身門後慈愛的耶穌。但我們必須有勇氣正視自己的防衛機制，看清自己是如何將罪咎陰影投射到弟兄身上的，如此，才開啟得了這扇嚴實禁錮的心門。這個觀念，我們早已耳熟能詳了，〈正文〉到了尾聲又無比詩意地為我們重述了一遍：

從此，再也沒有一個幻相值得信任，再也沒有一點黑暗遮蔽得了基督的聖容。（T-31.VIII.12:5）

(3:3~5) 今天我們要接受這嶄新的世界，也是我們真心嚮往的世界。我們渴望什麼，就會得到什麼。我們若真想看到光明，光明必會來臨的。

再一次，耶穌又用快樂為餌來誘導我們了，因為幸福快樂才是人心的真實嚮往；說真的，若非這一由衷的渴望，我們是不可能找到幸福的。為此，〈正文〉不斷教導我們，接受寬恕的光明，就是享受幸福平安；反之，沉溺於罪咎的黑暗，根本是自找苦吃。我再引用一小段〈正文〉，來看看耶穌如何標舉他的教學原則。他特別點出，凡是懂得正面施教的人都知道：「通過實質獎勵遠比經由痛苦學習的效果要好得多。」（T-4.VI.3:4）唯其如此，他要我們把「喜悅」和「積極的學習心態」聯想在一起，再把「痛苦」和「漫不經心」等同視之；唯有浸潤在這樣的氛圍中，我們才會因著學習的喜悅而愈來愈渴望他的光明教誨：

> 你怎能教人接受他存心想要拋棄之物的價值？他就是因為藐視了它的價值而棄之如敝屣的。你最多只能教他看清，缺了此物，他是何其痛苦，然後把那東西慢慢挪近，讓他親眼看到，此物的出現又如何減輕了他的痛苦。就這樣一步一步地幫他把自己的痛苦與此物的缺席聯想在一起，再把他的幸福與此物的出現聯想

在一起。等到他對此物的價值慢慢改觀之後，自然就會想要它的。這正是我教你的途徑，教你將痛苦與小我，喜悅與靈性聯想在一起。而你過去教自己的那一套，與我的教法截然相反。你有選擇的自由；然而，有上主的賞報在前，誰還希罕小我的獎勵？（T-4. VI.5）

(4:1~5:1) 在「長式」練習裡，我們要全心全力著眼於寬恕所顯示給我們的世界。這是我們唯一想要看到的世界。精誠所至，金石為開。今天，真實世界會在眼前升起，讓我們一睹它的風采。我們的眼界會豁然開朗，因為光明已經來到。我們今天不再去看小我投在世界上的陰影了。

「小我投在世界上的陰影」，即是指罪咎之心所引發的痛苦及攻擊之念。我們已經十分明白，小我是如何根據虛幻的個體意識打造出同樣虛幻的罪咎懼之世界的。小我絕不會輕易放過世界的分裂之念，它會設法將分裂之念深埋於心靈深處，直到壓制不下而投射出去為止。就是這套罪咎的信念，在我們心目中的世界投下了一道漫長且絕望的陰影，最後造就了這具身體，成為我們眼中一切痛苦、憂慮以及死亡的根源。然而，要記得，這些可怕的陰影不過是吹彈即破的一片薄紗罷了，小我用它來掩蓋我們不想面對的真相（T-21.VII.5:14）。一旦認出自己的錯誤，我們便有了重新選擇的機會，甘心用寬恕來取代判斷，用光明世界來取代小我的罪咎陰府。

(5:2) 我們要看光明；在光明內，我們看到天堂的倒影反映在整個世界上。

在世上是絕對看不到天堂的，最多只能看到天堂的倒影，就是所謂的真實世界。一開始，我們得先往內看，看清小我在自己四周投下的罪咎陰影，一個充滿失落、背棄、犧牲和死亡的世界。然後改變自己的心念，向耶穌求助，不再著眼於任何陰影，只矚目於耶穌內心反映在世間的光明。

(5:3~5) 當你開始作「長式」練習時，先向自己宣告這個解脫的喜訊：

光明已經來臨。我已寬恕了世界。

眾所周知，「喜訊」一詞在《聖經》中是指「耶穌降生成為世界之光」的這一福音。耶穌借用這個頗具歷史內涵的詞彙，賦予嶄新的意義。因此，這個喜訊並不是指耶穌之光進入了世界，而是耶穌之光不曾離開人心片刻（縱然我們內心認定自己早已撲滅了這一光明）。也就是說，這個喜訊證明了聖靈的救贖原則真實不虛。想一想，世上還有比這更好的消息嗎？

正因為發狂的心靈一直要我們相信自己已經毀了心內那個愛的世界，我們才必須先寬恕那個自認為已經毀了世界之光的自己，也才可能因而真正寬恕世界。由此可知，此生此世能夠接受耶穌的愛，意義何其深遠！這表示我們既不曾與愛分離，也未曾毀滅聖愛之源。這，真是天大的好消息！我們萬分高興

自己企圖把光明打入陰府的計謀沒有得逞，因為光明不曾離開我們片刻。我們一旦接受了這一可喜的事實，所有的煙幕便消失了，黑紗掀開了，陰影隱退了，唯有光明永遠存留。我們唯一要做的，僅僅是寬恕自己當初所犯的錯誤，如此而已。真的沒有比這更大的喜訊了！

(6:1) 今天不要再留戀過去了。

「過去」，不過是罪咎的代言人，**確實如此**，我們真的相信自己曾經犯了違逆上主之罪。每當我們放不下某個怨尤，就知道自己又掉回過去的夢魘了，因為每一個怨尤就等於過去夢魘的一片陰影，它會勾起自己最原始的怨尤，陷自己於萬劫不復之地。因此，我們愈來愈清楚，不肯寬恕，表示我們存心守住罪孽深重的過去，不惜把自己的怨尤投射到別人身上，凸顯自己與他人的不同，藉以保住自己的個別身分。

(6:2) 讓心靈徹底開放，洗盡所有過去的觀念，滌清你自己造出的每一個概念。

後面第一百八十九課的禱文，優美地襯托出本課這一小段話的深意。雖然我們日後還會解釋該段禱文，此刻不妨提前引用一下，因為它實在太重要了。

你只需這樣做：靜下心來，放下所有你對自己以及上主真相的看法，放下你後天學來的一切世界觀，放下你所執著的種種自我形象。放空心中所有的念頭，

不論它是真是假，是好是壞，不論它是你珍愛的想法
或是羞於啟齒的觀念。全都放下吧！不要執著你過去
學來的任何想法，或任何經歷帶給你的信念。忘掉這
個世界，忘掉這個課程，雙手空空地來到上主面前。
（W-189.7）

言下之意，我們必然會為「耶穌說對了，我們搞錯了」而
感到無比慶幸。是的，我們錯了，因為我們竟然相信這個充滿
攻擊和痛苦的世界真的存在；耶穌對了，因為他告訴我們這一
切完全是我們一手打造的幻相。唯有如此，我們才會真心接受
耶穌的教導，相信平安的賞報必然遠遠大於痛苦的懲罰。直到
那時，我們的心靈才會被他的教誨所淨化。

(6:3~9) 今天，你已寬恕了世界。此刻，當你注視它時，好似
素昧平生。你無法預設它的模樣。你只是等候著它的顯現。等
候之際，請以最大的耐心慢慢複誦幾遍下文：

光明已經來臨。我已寬恕了世界。

耶穌告訴我們，我們給不了自己一個真實世界，因為真實
世界只等著我們選擇它而已。此外，我們的耐心並非用在等待
耶穌（那可有得等了），我們其實是在等候自己，只因我們如
此害怕光明，深恐光明一到，自己這陰暗的個體生命就會消失
於無形。我們再次看到，耶穌毫不隱瞞，**他**很清楚我們目前無
法著眼於業已寬恕的世界，我們根本不必裝出一副境界高超的

模樣──這種傲慢實在有失上主之子的身分，更糟糕的是，這種傲慢還會讓我們永遠想不起自己確實是上主的唯一聖子。

　　整部的課程，可謂處處顯示了耶穌的教學風格，在他堅定不移且清楚明白傳述真理之際，字裡行間卻每每流露出溫柔與耐心，充分體諒我們尚未準備好接受他的教誨。請各位切身感受一下耶穌的耐心，這一點十分重要，唯有如此，我們才可能以身作則，為他人示範這一耐心。每當我們開始懊惱弟兄的錯誤，乃至逐漸失去耐心時，這種狀況，無疑正透露出我們不想接受耶穌對**我們的**錯誤所展現的耐心；同時，還意味著我們寧可繼續把錯誤視為一種罪，也不願為這些錯誤想法負起責任。正因如此，我們才會將這些想法投射到對方身上，作為自己失去耐心的理由。反觀耶穌話語所流露的愛心和耐心，實在堪為我們所有人的表率。

(7:1) 你明白，你的寬恕必會帶給你慧見。

　　我們又回到慧見的主題了，它的上下文是在討論「經由寬恕途徑來接受真實世界」的道理。耶穌要說的是，若非透過寬恕，我們是不可能看見的；如果我們自以為看見，那也必定是一幅已遭扭曲的畫面。也就是說，唯有寬恕，才能洗去罪咎覆蓋在眼睛上的陰影；也唯有寬恕，慧見才可能來臨。

(7:2) 你了解，聖靈必會賜給寬恕者這種眼光。

　　耶穌並不是說，當我們判斷他人或自己時，聖靈就會扣留

祂的禮物；*毋寧說，如果我們心中充滿判斷，等於拒這份禮物
於千里之外*。說穿了，我們當初選擇判斷就是想拒絕這份禮
物的。然而，因著上主的恩典，聖靈的慧見不只賜給了所有的
人，它其實就在每個人的心內，而且無一例外；它一直在等著
我們的寬恕，接受上主的禮物。

**(7:3~11) 你相信，此刻祂絕不會辜負你的期望。你已經寬恕了
世界。就在你觀看及等候之際，祂必與你同在。祂會讓你看到
真實慧見下的真相。這是祂的旨意；而你已結合於祂內了。耐
心地等候祂吧！祂必會現身於你的。光明已經來臨了。你已寬
恕了世界。**

　　如果僅僅擷取文字的表面意思，這段話好似要我們等候聖
靈的來臨。然而，事實絕非如此！這種表相上的理解，就跟基
督徒在等候耶穌「二度來臨」等候了兩千年同樣的荒謬。在
《奇蹟課程》裡，「二度來臨」不是指**耶穌的**來臨，而是**我們
的**來臨（T-4.IV.10:2~3）。當耶穌說「耐心地等候祂」，其實是
要我們耐心地等候自己釋放恐懼，直到內心可以接納聖靈的臨
在為止。也因此，我們的觀看及等候，所反映的，無非就是耶
穌的無限耐心：

> 你對弟兄的耐心就是你對自己的耐心。難道上主的孩
> 子不配你以耐心相待嗎？我向你顯示了無限的耐心，
> 因為我的意願與天父的旨意一致，我是從祂那兒學來
> 無限耐心的。曾在我內的天音如今也在你內，它要你

因造物主之名耐心地對待聖子奧體。（T-5.VI.11:4~7）

(8:1~3) 告訴祂，你知道你不會失敗的，因為你信賴祂。也告訴自己，你正篤定地等著仰望祂所許諾的世界。從這一刻開始，你會以不同的眼光去看一切。

顯然的，這又是一種比喻的象徵說法，而並非真的要我們告訴聖靈什麼話，聖靈怎會需要我們的提醒？這個「告訴祂」一語，不過是鼓勵我們加強信賴聖靈的決心。如今，我們愈來愈能體會「放棄『靠自己日子會更好過一點』之信念」，以及「慧見能帶來幸福美果」，兩者之間密不可分的因果關係了。我們會看到一個洋溢著共同福祉的溫柔世界，它和追逐個別利益而充斥仇恨的小我世界，簡直不可同日而語。

(8:4~5) 如今，光明已經來臨。你會看到上主在太初之始許諾給你的世界；在這世界內，時間就要結束了。

這一句「在太初之始許諾給你的世界」頗有玄機，因為句中這個你並非是你心目中自認為的你。試想，在太初之始，**你根本就不存在**，你豈能活上一百五十億歲。這個「你」，耶穌顯然是指人心內的抉擇者，上主在太初之始便已向這位唯一聖子許諾了「**光明已經來臨**」——救贖原則的真諦即在於此。在我們相信自己與上主分裂的那一刻，上主不僅賜下了許諾，而且也早已實現了，只是我們始終不肯接受這個事實而已。於是我們把這一拒絕投射出去，開始責怪聖靈、上主及耶穌沒有

信守諾言，甚至怪到《奇蹟課程》頭上。耶穌要修正的就是這個錯誤。自從天人好似分裂的太初之始，救贖便已存在我們心中，它靜靜地映照出上主對我們的許諾以及我們對祂的許諾。下面這段引言十分發人深省：當我們選擇疾病而拒絕療癒時，無異於放棄上主的承諾而向小我投誠了。

> 上主必會信守自己的承諾，聖子亦然。天父在創造他時說過：「你是我的愛子，我也永遠是你的至愛天父；願你像我一樣完美，而且與我永不分離。」上主之子就是從這個承諾誕生的，雖然他已不記得自己曾答覆過：「是的，我願。」上主隨時都在提醒他這一承諾，只要他甘心放棄生病的承諾，真心盼望心靈的療癒與合一。他的秘密誓約在上主旨意前毫無招架之力，因他擁有上主的承諾。他早已將自己許諾給了上主，任何其他的意願均非他真心所願。（T-28. VI.6:3~9）

同樣的，上面這段話顯然並不是針對那個自以為在閱讀、研究或操練的**我**，而是向活在時空之外的唯一聖子喊話的，也就是那個只相信自己而拒絕與自性認同的抉擇者。後面還有一課，說得更加言簡意賅：

> 也願我別忘了自己的虛無，我的自性才是一切。（W-358.1:7）

(9:1~4) 在今天的「短式」練習中，同樣歡欣地自我叮嚀：你已自由了。每十五分鐘左右就提醒自己一次：今天是值得慶祝的特殊日子。向上主的仁慈及聖愛獻上你的感恩吧！在寬恕的大能中歡欣雀躍吧！它會徹底治癒你的眼光。

在此，耶穌又一次要我們體驗他的訊息所帶來的喜悅。寬恕弟兄和寬恕自己原是同一回事，而這正是終結苦難的唯一途徑。明白了這個道理，有誰不願每十五分鐘就念想一次「光明已經來臨」以及「光明非我莫屬」？只是，我們得先接受自己的光明真相，才可能享有光明的祝福。

(9:5~7) 你相信這一天是你新的開始。過去的陰影再也遮蔽不了你的眼睛，今天你一定會看見。你所看到的一切如此賞心悅目，你願今天永不消逝。

請注意耶穌提到的「新的開始」，恰好是〈正文〉第三十章的章名。他可沒說「旅程即將結束」，雖然本課許多說法好似給我們這種印象，這純粹因為他不是從線性時間觀出發的。他說「光明已經來臨」，只因光明一直在我們心中。但話說回來，接受這一光明是一段漫長的過程，我們必須先釋放自己罪咎陰森的過去，才可能享有基督慧見的喜悅。如果我們不再像從前那般把罪當真，也不再投射罪咎到別人身上，這就無異於向基督慧見發出了邀請。基督慧見一受到我們**由衷**的歡迎，便會自然延伸至真知的永恆之境。

(10) 接著說：

　　　　光明已經來臨。我已寬恕了世界。

當你面臨誘惑時，就向那好似要把你拉回黑暗中的人說：

　　　　光明已經來臨。我已寬恕了你。

　　只要如實地操練，光明慧見便會挾著寬恕的喜悅翩然來臨。如何才能加速它的來臨呢？方法無他，就是仰賴我們努力保持儆醒的那份願心，不再縱容任何怨尤，寬恕便會驅散罪咎的黑暗。長夜漫漫，我們每一個人以及整個世界，都被這一黑暗折磨太久了。

(11) 讓我們把今天獻給莊嚴寧靜，那是上主願你棲息之地。今天，你看見了真實世界默默地取代了那個你信以為真而且罪不可赦的世界，當你慶祝自己的慧見誕生之際，應記得，不只把這份莊嚴寧靜保留在你的自我意識裡，還需隨時隨地看到它的蹤跡才行。

　　耶穌繼續用快樂的結局為我們打氣，他保證我們必會獲享平安。我們不只需要全心全意渴望這份平安寧靜，還要全心全意甘願放下不寬恕的世界，誠誠懇懇寬恕自己的特殊夥伴，便能邁向光明之境。這光明，不只是我們的存在現實，更是我們必然的獎賞。耶穌在〈正文〉有一段美麗的描述，正好為本課做最完美的結語：

這種美妙不是一種幻覺。它是「真實世界」，光明聖潔，在朗朗日照之下熠熠生輝。它不再隱藏任何東西，因它內的一切已被寬恕，想要隱藏真相的幻覺在此已無立足之地。……當你把寬恕的眼光投向世界，世界會在那一瞬報以種種美麗來祝福你的眼光。因寬恕真的能夠轉化你的視野，讓你看到真實世界正溫柔寧靜地穿越這個無明亂世，為你消除那些扭曲你的知見而使你陷於過去的種種幻相。……歡欣地迎向你的救主，滿懷信心地與祂一同步出這個世界，走進那充滿寬恕與美善的真實世界。（T-17.II.2:1~3; 6:1~2; 8:5）

第七十六課

我只受上主天律的管轄

　　如果我沒記錯，大約二十多年前，正因這一課所引發的種種疑問，促使我開始講解《奇蹟課程》兩個層次的架構。我在第一冊「前言」所說的層次一，屬於形上理論基礎，它將「上主及天堂的實相」以及「小我虛幻的思想體系和它所孕育出來的世界」，作了一番對比；在這個形上層次，真理與幻覺無法同時並存。至於層次二，純屬幻覺或幻相領域，它特別針對「小我妄念所造的分裂思想體系」以及「聖靈正念生出的救贖思想體系」，作了另一番的對比。

　　學員之所以感到本課難以下嚥，甚至愈讀愈惱火，大都是因為混淆了這兩個層次的緣故，不了解層次二的描述乃是遷就我們自認為所在的幻境，所以才不提絕對性的真理。也因此，縱然身體的本質極其虛幻，耶穌並不要求我們漠視它、鄙棄它；反之，他要我們特別留意身體的運作，以及它在特殊關係

中扮演的角色，因為這些特殊關係正是我們學習聖靈寬恕功課的最佳道場。

　　我們常看到耶穌揶揄身體，尤其是我們利用身體的方式。還記得耶穌曾經說過，沒有人能夠否定身體在世間的經驗（T-2.IV.3:10）。故他在本課中也不否定身體的需要，例如規勸我們別吃藥、別賺錢、不吃飯、不喝水、不花錢，甚至也別呼吸了。耶穌為我們描述的真實世界，臻此境界之人，身體仍在，只是不再相信它的存在價值而已。「真實世界的境界」那一節特別點出，心靈到了這麼高的境界，所見所聞再也反映不出分裂的意識：

> 靜靜地坐下來，端詳一下眼前的世界，告訴自己：「真實世界不是這樣的。它沒有什麼高樓大廈，沒有供人獨行或獨居的街道。亦無供人終日採購並非所需的商店。真實世界不需要人工照明，黑夜也從不降臨。沒有日夜輪轉、陰晴交替。那兒沒有死亡。只有永恆照耀的光明。」（T-13.VII.1）

　　很明顯，這一段話所描述的絕非某個場域，而是分裂之念全然化解之後的療癒心境。凡是進入這個境界的人，隨時透過神聖一刻領受救贖，身體自然失去立足之地，一如〈正文〉所言：「身體連一刻都不曾存在過。」（T-18.VII.3:1）既然連身體都不存在，「自然律」便是無稽之談。這正是本課的重點。耶穌絕不是跟我們說著玩的，但他也無意敦促我們放下對醫

藥、食物或人際關係的執著。他只想提醒一下：我們堅信不疑的那個世界，其實並不存在。只要有了這份新的領悟，我們對世間、身體或心理的經驗便不再看得如此嚴重，這也表示我們不會再把那個又小又瘋狂的分裂之念那麼當真了（T-27. VIII.6:2~5）。

　　總之，耶穌並不強求我們放下自己對身體的投注。他在〈正文〉還作了這樣的建議：

> 你不該問：「我怎樣才能不透過身體去看弟兄？」你
> 只該問：「我真的希望看到他是無罪的嗎？」（T-20.
> VII.9:1~2）

　　耶穌顯然不要我們否認自己的經驗，外在世界的確有形形色色的身體，他只要求我們改變自己內心對身體的看法，也就是留意身體存在的初衷。重點是，他要我們別再把內心的罪惡感投射到弟兄身上。攻擊他人，只會強化自己對「個別利益」的信念；然則，《奇蹟課程》的核心——寬恕，必須建立在「共同福祉」的前提上。

　　等到我們往下逐句解讀本課課文時，我還會更深入解說其中的道理。

(1:1) 我們已經觀察反省過，你曾把多少荒謬的事物視為你的救恩。

　　不消說，這句話是在影射特殊的愛。當我們把某個特殊對象奉為偶像時，等於在向上主示威：「我不需要祢的愛！」同理，恨的特殊對象也具有同樣的效果。正因我們把得救的希望寄託在他們身上，才會恨得咬牙切齒或痛徹心扉。唯有把自己的苦難歸咎於他人或他物，方能證明自己的無辜。只要我們認定救恩來自自己的心靈之外，不管出自特殊的愛還是特殊的恨，小我都會視為救恩。

(1:2~4) 結果，每一物都反過身來用如它自身一般荒謬的法則來囚禁你。其實它們束縛不了你的。但若要了解這一事實，你必須先看清在它之內沒有救恩才行。

　　這幾句話點出了特殊性的遊戲規則──「非此即彼」，一方必須輸，另一方才會贏。小我的救恩完全建立在這一磐石上。可以說，不論在心靈層次或物質世界的層次，小我的遊戲規則處處反映著這個基本法則。我們在小我的五條無明法則裡看得一清二楚（T-23.II），「非此即彼」，說它是所有自然法則的老祖宗，完全當之無愧。最關鍵的一點，這些法則不只出自心靈，它們始終存在心靈內，只因「觀念離不開它的源頭」。問題是，它們看起來不只真的在外面，還左右了我們的一生。所幸，事實上我們只受制於自心的決定，這才是最大的喜訊！環顧古今，我們面對身體的自然律常有無力回天之感，對受害者的宿命也往往一無所能，世上幾乎沒有一個人沒有這種感受。如今，我們終於知道了，是否要認同那一套自然法則，自

己心內的抉擇者其實是有自主權的。這才是人類真正的曙光！

　　這個觀念極其重要，唯有把握住這一點，才可能如實操練這一課。首先，如果要了解為什麼我們只受上主天律的管轄、為什麼身體的自然律控制不了我們，我們必須先清楚意識到自己真的有個心靈。這才是我們得救的保證。然而，問題就出在我們並不相信自己有個心靈，不論耶穌在《課程》裡說了多少次，也不論我們讀過多少遍，我們心中始終有一部分就是無法相信自己是個心靈，因為我們更加認定他在跟這個**有模有樣的我**講話。耶穌之所以如此反覆叮嚀，無非是希望我們有朝一日能夠明白，自己並不真正活在這兒，這具身體其實什麼也沒做，它不曾活過也不曾死過，無法受苦也無從享樂。換句話說，所有的經驗其實只發生在心靈內。但是，這一切對我們好似對牛彈琴，因為我們依舊認定耶穌是在跟這個活在身體內的我說話。我們根本不想回到自我的源頭（心靈）那兒，好好面對真正的問題（請記住，心靈並不住在身體內）。直到有一天，我們能夠真正面對心內的分裂罪咎，這時，終究會找到救贖的答案的。

　　正因如此，耶穌在這一課懇求所有的奇蹟學員，好好聆聽並且好好深思《奇蹟課程》究竟在教我們什麼。尤其是到了「複習六」，耶穌要我們反覆誦念「我不是一具身體，我是自由的，因我仍是上主所創造的我」，這絕非比喻的說法，耶穌可是句句當真的；另如，當他要我們誦念「我是靈性」時，也

一樣百分百是說真的。現在，我們必須坦白承認，自己根本**不信**這一套，因為我們還認為有一位叫耶穌的人，不只在跟**我**這個人說話，還在傳授**我**一套很棒的課程呢。我們仍不明白，耶穌不是在教導我這具血肉之軀。這個有模有樣的自己，其實只不過是心靈一念所投射的倒影罷了。本課的重要性，就在於它完全切中身體虛幻的本質。倘若我們真正讀進去了，便不難體會這部課程如此難以下嚥的原因，只因**我們打從心裡不信它所說的！**同樣的，本課之所以這麼難懂，也是因為我們拒絕接受「救恩不在外面，只在我們心裡」這個真相；而心靈才是人間所有的問題和所有的答案之所在。

(1:5~6) 你若還想從那些無意義的東西中尋找救恩，你就被箝制在那些荒謬的法則下了。那等於想在沒有救恩的地方，證明救恩的存在。

　　問題就在這裡：我們根本不想知道自己還有心靈；一旦知道了，我們很可能作出反制小我的選擇，如此一來，自己的個體性就不保了。對此，小我堅稱罪與咎才是問題之所在，它們若非現形於自己，就會顯示在他人身上。問題既然發生在這具身體，解脫自然也只能在此尋得。我若相信身體是罪咎的淵藪，必然也會相信痛苦和犧牲的價值；我若相信罪咎是在你身上，也勢必相信有判斷和攻擊的必要。由此可見，小我的解脫計畫一定離不開懲罰身體，不是胡整自己的身體，就是攻擊對方的形體。

不難理解，我們會以五花八門的方式來逃避自己有個心靈這一真相。就拿本課來說，既然《奇蹟課程》說我不是一具身體，只受上主天律的管轄，表示身體純然是個幻相，那麼我便無需看病就醫，出門也不需要鎖門鎖車了。既然我沒責任照顧自己的身體，那麼我吃什麼或做什麼都無關緊要了。這就是我常說的「少根筋的樂天派」（blissninnyhood），天真地認為只要否定身體的存在，所有問題就解決了。患此症候群的人，並不明白身體之所以徹底虛幻，只因它是罪咎投射出來的陰影。我們若不了解箇中道理，只顧著一口否認自己這一具身體，那麼投射出身體陰影的那個元兇（也就是藏在心底的咎），就顯得更加撲朔迷離；而埋藏在小我防禦攻勢下的救贖答案，從此更是不見天日了。

再說一遍，本課絕對無意勸阻奇蹟學員看病就醫、出國前打預防針，或保健養生諸如此類的行為。每個人多少都知道什麼對自己好、什麼不好，這並無關乎對或錯，你相信什麼就去做吧。此外，耶穌也未曾要我們放棄人間的友誼或任何紅塵俗事。他只想讓我們明白誰才是人間法則的始作俑者，而且了解這些法則在小我整套體系當中所扮演的角色，這才是修持的關鍵。唯有如此，我們才可能撤除人間法則原有的目的，讓這些法則在聖靈思想體系中一展身手，完成修正的任務。

容我再提醒一次，上面這番話隱含了一個前提：我們必須十分清楚，內心在接受「我不是一具身體」的同時，勢必激發

莫大的抗拒。這是〈正文〉極其重要的一個主題，也是貫穿整部〈練習手冊〉的核心觀念。現在再回頭來看課文，耶穌這幾句話好似輕輕戳我們一下；他在〈正文〉也不時以類似的口吻，笑我們想盡辦法保護這具身體，把它打扮得更美或更入流，結果只是白忙一場：

> 即使為骷髏畫上玫瑰般的紅唇，把它打扮得嬌艷動人，馴養它，撫育它，你能使它重生嗎？（T-23. II.18:8）

> 你究竟想保護它〔身體〕什麼？身體的健康或損害，就繫於你這一念。如果你只是用它來裝扮門面，引誘別人，賦予這特殊性一種高級時尚意義，或是為自己的怨恨打造一個賞心悅目的外框，你其實是以腐朽與死亡詛咒了自己的身體。（T-24.VII.4:4~6）

> 它〔身體〕用世人眼中最真實也最可愛的銅錢紙幣購買東西，裝飾自己。它用無聊的工作換取鈔票之後，又將它們虛擲在根本不需要甚至不想要的無聊物品上。（T-27.VIII.2:2~3）

耶穌要我們多向他求助，試著別把身體太當真了。容我再提醒一次，在整部的《奇蹟課程》中，耶穌從不要求我們**否定**自己的身體。

在此同時，每當我們覺察到，自己對一些老是攪在身體問

題的人逐漸失去耐心，或是批判別人修錯了《奇蹟課程》，才會在身體或心理的需求大作文章，這時，要非常當心，因為這正意味著我們其實也落入了「把身體當真」的陷阱。這些判斷為我們亮起了紅燈，表示我們重施故技，藉著怪罪別人而暗地裡責怪自己。可還記得前一課的提醒，如果我們想鍛鍊全然的耐心，就不能不先培養出徹底的溫柔，因為耐心和溫柔必須攜手並進。為此之故，耐心成了上主之師的十大人格特質之一（M-4.IV,VIII）。

(2:1) 今天我們很高興你無法證明它的存在。

諷刺的是，始終珍惜特殊性及個體價值的那一部分的我，其實一點也不高興，因為我們一點都不喜歡「救恩不在外邊而在自己心裡」這個真相。這種如影隨形的抗拒心理，正是我們必須時時警覺的一點。請記得，唯有這一覺知，方能為我們迎來真正的快樂。

(2:2~4) 倘若能夠的話，你就會一直朝著救恩不在之處追尋下去，而永無覓得之日。今天的觀念再度提醒你，救恩是多麼單純的事。你只要在它等候你的地方去找，必會找到。

救恩始終在心中等候我們的選擇，因此我們需要對自己非常有耐心；但我們必須真心願意往那可能**找到**救恩之處去**尋覓**才行。想要達到這個目標，耶穌傳授的獨家妙方就是「把身體視為心靈之果，同時把心靈視為一切的因」。這個**因**，才是問題之所在，也是答案之所在。還有比這更單純的修行理論嗎？

(2:5) 不要朝其他地方去尋了，因為它根本不在那兒。

　　再提醒一次，耶穌並不要求我們放棄跟身體有關的任何事物，他只要我們確切明白自己對身體的堅持到底所為何來。我們無需改變「果」，那是毫無意義的事；需要改變的是它背後的「因」，而這，只要我們肯溫柔地寬恕自己就成了。換言之，只需邀請耶穌與我們同行，透過他溫柔的愛正視這個果，我們便已改變它的因了。我們不必致力於身體層次的改變，但也不否認自己幹的好事，只是誠實而不加批判地正視自己在做什麼就好。

　　下面這段，可說是奇蹟學員最愛引用的話語了：

(3) 你為拯救自己而定的種種詭異又扭曲的法則，其實束縛不了你的；不妨想一想，這一認知所帶給你的自由。你真的認為，你若不囤積一疊疊鈔票以及一堆堆銅板，你就會餓死？你真的認為，一粒小藥丸或用尖尖的針筒把一些液體注射到你的血管裡，就能防止疾病與死亡？你真的認為，沒有另一具身體陪在身旁，你就落單了？

　　耶穌舉了現實人生中最重要的三件事為例：我們對**金錢**的依賴、對**疾病**的恐懼或對醫療的需求，以及對**特殊關係**的渴望。我們認定身邊若沒有一個伴，就會落得孤苦伶仃。然而，耶穌不是要我們放棄這一切，他只期勉我們正視自己在它們身上投注了多少心力。

　　〈心理治療〉一文最後一節討論「付費的問題」（P-3. III），耶穌論及金錢時，他不僅沒說治療師不應收費，反而說：「不論多麼資深的心理治療師，只要活在世上，難免會有世俗的需求。」（P-3.III.1:3）也因此，收費也是合乎情理的事。顯然，耶穌要強調的並不是金錢**本身**的問題，而是治療師應該避免榨取病患之嫌，例如明知患者家境拮据還硬逼他們付費。但話說回來，只要活在世間，就有物質需求，不能沒錢支用，故耶穌從不反對我們營生賺錢，就像他不反對我們照顧自己的身體一樣。耶穌要我們把注意力轉向心靈；然而，也唯有看清事物背後的目的，我們才能真正轉移焦點。

　　到了旅程的終點（即真實世界），身體就不值得一提了，因為我們終於領悟出身體根本不存在。到了那一境地，「看破身體的虛幻本質」才不至於淪為一種逃避或否定，也不會把它當成肯定語來壓抑自己不想面對的經驗。那時，我們自然明白〈正文〉所說「它只是單純地陳述一個單純的事實」之深意（T-26.III.4:5）。究竟如何才能臻至真實世界「既無分裂，也無身體」的單純境界？答案無他，唯有溫柔地正視自己是如何千方百計否認心內的罪咎與救贖。那麼，又該如何溫柔地對待自己？唯一的辦法，就是學習溫柔地對待他人。我們若「**不溫柔**」地論斷別人，表示我們已經推開耶穌而傷害到自己了。不僅如此，耶穌既然只存在於心內，我們一把推開耶穌之際，同時便放逐了自己的心靈，從此，所有的注意力只能轉移到身

體，這正是小我最根本的自保之道，也可說是小我救恩計畫最高明的一招了。

(4) 只有神智失常的人才會有此想法。你卻奉它為自然律，冠之以種種名稱，還以一堆無用又無稽的名堂加以分門別類。你認為自己必須服從醫學、經濟及健康的種種「定律」。只要保護好身體，你就有救了。

　　話說回來，當我們還**認為自己是一具身體**時，理當好好照顧身體；如果明明認同身體卻又不肯照顧它，這不只愚蠢，反倒透露出自我憎恨及自我懲罰的傾向。**因此，照顧自己的身體，也可能是一種仁慈溫柔地寬恕自己的方式。**請記住，我們這些奇蹟學員沒有一個人全然相信耶穌的話；如果我們真的全盤接受，表示我們已經不需要這部課程了。但事實上，我們根深柢固地相信自己是這一具身體，而這些練習正是針對我們這類相信身體的人而編的。再說，活在身體內的人，自然也活在時間裡，因此這些練習顯然也是針對受困於時間之人而寫的。難怪每一課裡都少不了時間的因素，諸如分秒、時日、年月，只因耶穌的學生全都相信自己是活在時空裡的血肉之軀。故他從不要求我們否定身體，反而一再提醒我們，要溫柔仁慈地對待自己與他人的身體。唯有如此，才表示我們真的有心寬恕自己——寬恕自己妄用了身體；而身體不過是我們妄用心靈的一個投影而已。

　　然而，可別忘了，身體或時空的自然律之所以束縛得了我

們，完全是因為我們賦予它們操控我們的能力。領會這一點非常重要。要知道，我們並非真正受制於身體的法則，而是受制於「心靈自甘淪為一具身體」的那個決定。就是這個決定，為我們精心打造出一套好似操控我們的自然律。這就是為什麼我們為了保護身體，可說無所不用其極，其結果，真正能保護我們的救贖，反倒被罪咎與特殊性的小我法則埋葬掉了。

(5:1) 這算什麼自然律，根本就是瘋狂。

這真的瘋狂！因為實相之境只有上主之律，也就是愛之律、一體之律以及永生之律。其他任何的「自然法則」只能在上主天心之外運作，棲身於小我的瘋狂妄心內。

下一段更直接切入心靈與身體的因果關係，這個關係正是本課的精華所在。

(5:2~3) 當心靈傷害自己時，身體才會瀕臨危險。身體受苦，是為了讓心靈看不出它在自作孽。

試問，心靈是怎麼傷害自己的？就是罪咎！論到心靈最原始的創傷，首推「我和上主分裂了」這個信念，只因這一決定等於否定了我們的真實身分。自那一刻起，我們不斷用罪咎來懲罰自己。小我絕不會讓我們意識到，根本是我們的心靈在加害自己；而真正受苦的，就是那個被小我思想體系蒙蔽的抉擇者。自從抉擇者與小我認同，又把罪咎投射到身體之後，身體便成了罪咎的一個陰魂。於是，看起來好似在受苦的身體，形

成一道煙幕迷障,令我們再也意識不到心靈的存在。然而,只有神智不清的人才會把身體當成問題,因為所有的問題都是狡猾的小我在幕後操控的一場傀儡戲。耶穌在下段引言中說明了箇中道理:

> 只有神智不清的人才會懲罰身體,……你要這個無法看見也無法聽到的身體為你所看到的景象與聽到的噪音負責,實在毫無道理。它不會因你的懲罰而受苦,因為它沒有感覺。它只會按照你的心意行事,從不自作主張。(T-28.VI.1:1; 2:1~3)

確實如此,我們的心靈才是一切問題的元兇。但要記得,縱然心靈感到罪孽深重,也無需聽信小我的一面之詞而自甘受罰;我們真正需要的,只不過是修正而已。

(5:4) 身體的痛苦是心靈用來隱瞞真正痛處的一種障眼法。

不說自明,耶穌在這裡所謂的「心靈」,當然就是抉擇者;是它選擇了小我,是它決定把罪咎當真,然後又決定把罪咎投射到身體的。一言以蔽之,是抉擇者企圖利用身體來隱藏真正的苦因,就是它當初選擇了分裂與罪咎的那個決定。現在,我接續前面引述過〈正文〉那一節的論述,它更徹底地描繪出小我狡猾的計謀。在這一段引言裡,我們看到**自己**的抉擇者如何躲藏在身體後面發號施令,不讓我們看破它決心保持分裂及罪咎的陰謀:

身體完全不知道你究竟在痛恨、害怕、嫌惡或渴望什麼〔小我的罪咎〕。你〔心靈中抉擇者那一部分〕派它去尋找分裂，它就分裂了。你為此恨它，你痛恨的其實不是它，而是你指派給它的用途。你因著它的所見所聞而畏縮，然後又恨它如此卑微脆弱。你鄙視它的所作所為，而非你自己的作為。它只是為你而看，為你而行。它聽從你的聲音。是你要它變得脆弱卑微的。表面上看來是它在懲罰你，你理當痛恨它加之於你的種種限制。然而，是你把身體當成自己有限的象徵，你要心靈接受身體所受到與所看見的那些限制。（T-28.VI.3）

(5:5) 它〔心靈的抉擇者〕從不了解真正的敵人其實是自己，是它在攻擊自己，想置自己於死地。

毫無疑問，如果我們看清這個真相，當然會立即轉變心念。也就是說，假設我們知道**自己**那個選擇與小我認同的抉擇者才是問題之所在，我們必會毫不遲疑地選擇聖靈而終結小我的。為此之故，我才會再三提醒：我們心內早已全面接受分裂的那個小我絕不容許這場災難發生的，於是它開始圖謀一個「去心」的計畫，慫恿聖子與身體認同，再把所有的注意力都放在身體的需求，令我們不得不相信世界與身體（不論是別人或自己的身體）才是難纏的對手。就這樣，我們的「頭號大敵」（也就是選擇妄念的抉擇者）便安然隱身於罪咎及恐懼之

後，讓我們再也意識不到它的存在了。

(5:6~7) 你的「自然律」就是要把身體由此困境中解救出來。然而正因如此，你才會認定自己真的是一具身體。

　　耶穌設法讓我們了解，自己選擇身體的動機與目的，就是想為內心的罪咎找一個藏身之處。因此，小我這樣告訴我們：「身體固然問題重重，幸好，我們可以用自然律來對付它們。」好比說，小我要我們相信自己的問題不是因為離開了上主而感到心靈空虛，它會說：「肚子空了，塞點食物就沒事。」這個自然律不只告訴我們餓了就得吃，它會進一步警告：「如果想要吃出健康，有些東西你還非吃不可！」其實，吃什麼根本不重要，全看你究竟相信了什麼。

　　由於我們相信自己釘死了基督，再也感受不到祂的臨在，才會孳生匱乏與空虛之感。小我設法與這種感覺「解離」，然後投射出去，形成了身體的匱乏感。繼而小我營造出所謂的「自然律」來為身體解圍，把問題轉變為「如何才能讓這具有生理及心理需求的物質生命存活下去」。從此，我們的問題不只是食物，還有……

　　（1）自從背叛上主，我在宇宙中徹底落單了。小我同意這個問題挺嚴重的，但它聲稱孤單的感覺屬於身體層次。於是小我發明了特殊關係，還教導我們一套操控誘惑的社交技巧，把其他形體綁在身邊。孤單的問題就此解決了。

（2）自從拋棄了上主的恩賜之後，我感到貧乏，一無所有。小我同意這個問題挺嚴重的，但它揚言貧乏的問題屬於身體層次。於是發明了金錢，教導我們一套「你輸我贏」的賺錢法則。貧乏的問題就此迎刃而解了。

（3）自從背叛了上主，我覺得自己打從心底病了。小我十分同意我已病入膏肓，但它聲稱這個病症屬於身體層次。於是發明了醫藥，教導我們一套看診及服用藥物的保命法則。疾病的問題也一一解決了。

人間這類的自然法則可謂俯拾皆是。

由此可知，本課的目的所在，就是要我們明白，小我拯救身體的那一套法則，看似天經地義，其實只會把分裂及罪咎感更深地壓到心底。我已說過，耶穌無意讓我們感到內疚或覺得自己無可救藥，他只想幫助我們看清真正的問題在哪裡，唯有如此，問題才有**真正**解決的一天。

(6:1~2) 除了上主的天律以外，沒有什麼自然律。你需要反覆的提醒，直到你明白這句話可套用在你為反對上主旨意而妄造出來的一切事物為止。

所謂「反覆的提醒」，顯然不是要我們把耶穌的話當成咒語或肯定語來念誦。它們不過是陳述一項真理，耶穌只要我們把虛幻的自然律帶到真理之前，這樣就夠了。身體，其實就是我們想與上主旨意抗衡的那一串妄念（諸如分裂、個體、罪

咎、恐懼、死亡之念等等）最後所形成的一個虛擬產物罷了，故它什麼也不是，什麼也沒有。正因如此，難怪我們面對種種人間法則時，往往一邊感到束手無策，一邊又深信自己未來的安穩全都仰賴它們了。切莫對這種受害感掉以輕心！我們必須把這套錯誤的認知帶到真理的試金石前，才可能看穿自己是如何利用身體的自然律來掩飾內心的罪咎的，因為我們相信自己真的與上主的天律槓上了。

(6:3) 你那套神通把戲毫無意義。

　　世間的法則都是針對外在事物，自然脫離不了怪力亂神。怪力亂神的反面則是奇蹟，純然指向內在。怪力亂神的種種神通把戲只改變得了身體，奇蹟則幫助我們徹底改變心念。小我想在**身體層次**解決問題，那是徒勞無功的，故稱之為神通把戲；聖靈則從**心靈層次**下手，這才真正解決得了問題，故稱之為奇蹟。

(6:4~5) 凡是它企圖拯救之物，其實不存在。反而是它有意隱藏的，倒有拯救你的能力。

　　短短幾句便透徹地表達了「層次一」的真理——身體根本不存在。它又進一步指出，身體與自然律是為了隱藏人心的罪咎而打造出來的，其結果，不僅鎖住了罪咎，還阻擋了化解罪咎的機會。然則，唯有接受救贖，才化解得了這種罪咎。這才是得救的唯一途徑。

(7) 上主的天律是永遠不可能被任何東西取代的。我們今天一整天所要慶祝的就是這一事實。我們再也不願隱藏這一真相了。我們總算明白了，這個真理會帶給我們永遠的自由。你的神通把戲只會束縛人，唯上主的天律方能帶給人自由。光明已經來臨了，因為除了祂的天律以外，沒有什麼自然律可言。

我們需要特別留意自己奉若天律的小我法則，唯有如此，才可能依照前文的提示順藤摸瓜，揭發它們隱藏在心靈深處的底細。如同我剛才舉出的例子，利用金錢來填塞我們離開靈性之後的貧瘠；把食物塞到胃裡，把氧氣灌到肺裡，來彌補心靈分裂後的匱乏；再藉著特殊關係，企圖緩解心靈分裂後「理所當然」衍生的孤單之感。總之，我們可以信手檢視小我世界的各種運作法則，來反照出這些自然律所要企圖掩飾的信念，就是相信自己真有取代上主天律的本事。沒錯，在那個相信我是個分裂個體的妄念之心中，天律好似真的被「我」調包了。如今，我們總算準備好了，甘心學習看清這個錯覺妄想原來只是黃粱一夢，我的真實自性始終在那兒等著我張開自己的眼睛。

接著，耶穌又繼續戳我們了：

(8:1~3) 今天開始作「長式」練習時，先簡短地回想一下，我們自認為必須遵守的各種「定律」。包括了營養學、免疫學、醫學以及能夠保護身體的種種「法則」。再往深處一想，你還相信該建立友誼、「好」的人際關係及互惠關係這類「遊戲規則」。

　　如前所說，耶穌並不要求我們否認自然律，因為塵世的所有生命都建立在這些基石上。他只要求我們跟他一起後退一步（或說「超越戰場之上」）（T-23.IV），透過他的慧眼，好好正視自然律在小我防衛體系以及「去心」策略中所扮演的角色。如此一來，我們就愈來愈能「不」把那些自然法則當真，或把自己的生命看得這麼嚴重了。我之所以不厭其煩再三重述這一關鍵理念，只因我們真的很難不帶判斷地正視小我，唯有反覆的叮嚀與鼓勵，內心的抵制心態才會慢慢減弱消退。

(8:4~5) 你甚至以為有些法則還能幫你區分什麼是屬於神的，什麼才是屬於你的。許多「宗教」就是奠基於這一法則上。

　　耶穌刻意將「宗教」一詞加上引號，用意所在，就是凸顯世間形式化的宗教並非**道地**的宗教。「宗教」一詞的英文語根有「再度復合」之意，寓意著唯有領悟出「上主只有一個聖子；我們不僅彼此是同一生命，與上主也是同一生命」，才有「再度復合」的可能。不幸的是，世間的宗教幾乎都在致力於「分化」，教徒們把不同信仰者視為異端，不只大肆撻伐，甚至加以定罪。這類現象，充分反映出他們下意識相信自己與上主也是分裂的。耶穌在〈心理治療〉一文，曾提及宗教在心理治療中的角色：

> 形式化的宗教組織在心理治療中沒有存在的必要，形式宗教在宗教裡其實也沒有真正的地位。（P-2.II.2:1）

　　任何宗教，不論它的起源多麼靈性，一旦形式化之後，往往就成為分裂主義者，無可避免地沉淪於人類的運作法則下。人間法則不只喜歡區分人種物種，還為每一物種作了階級分類，連上主與我們的關係也不得倖免。於是，在形式化的宗教裡，分裂法則逐漸取代了天律且橫行於世，主張合一及一體的天堂之律反倒銷聲匿跡，而神明所給予人類的特殊之愛，竟成了人間的至高準則。

(8:6~7) 它們不僅不拯救，還假借上天之名定人的罪。然而，它們與你為了自身安全而服膺的那些自然律相比，只是五十步笑百步而已。

　　傳統宗教的「遊戲規則」可說怪異至極，它們把上主聖愛扭曲成有條件的愛，還得透過某種形體的表現才能獲得特殊恩寵。《奇蹟課程》卻告訴我們，只要把世界看成學習寬恕的人生教室，便能全面**超越**世界及身體之上，那時，我們不僅會憶起無所不在的愛，而且發現它就近在咫尺，觸手可及。

　　耶穌又進一步讓我們明白，人間其他的自然律並不會比宗教的遊戲規則高明多少，畢竟，幻相是沒有層次之分的（T-23. II.2:3）。他並不要我們否定自己對營養、免疫力、醫藥、種種保護措施以及特殊性等等的依賴；他只是告訴我們：「試著透過我的眼睛去看看，你是如何受制於這些人間法則的，如此，你便不難看清它們不過是你內心罪咎的陰暗倒影而已。和我靜靜地正視這些陰影和罪咎之間的關係，你就會明白，帶來陰影

的罪咎如何讓你一日不得安寧。」再說一次，耶穌無意要求我們放下對自己或對任何一具身體的執著，這些課文無非在規勸我們放下自己賦予身體的目的，容許他用寬恕的目標來取代自己原有的定罪企圖。

(9:1~2) **除了上主的天律以外，沒有什麼自然律可言。今天就放棄那些怪力亂神的愚蠢信念吧！讓心靈安靜下來，聆聽上主的聲音，祂會告訴你事情的真相。**

然而，我們應該如何靜靜地準備自己？試著先平息小我的刺耳抗議吧，別再冥頑不靈地堅持自己是對的，上主是錯的。然後耐心等候自己慢慢超越那份因恐懼而生起的抵制心態，逐漸轉向那源自於愛的真理之境。

(9:3) **你將會聽見那天音對你說：在上主的天律之下，沒有失落這一回事。**

在小我的遊戲規則裡，不論是否涉及宗教，總有一方非輸不可。只要我得吃飯，不論吃葷吃素，總有動物或植物得喪失「生命」；我的特殊性若有所求，另一方就得付出代價；我若想得到上主的寬恕，便得犧牲一些什麼才行。一切的世間法則勢必如此，因為小我的「救恩」就是建立在「一方要贏，另一方就得輸」的基石上，而上面這句引言可說是溫柔地修正了那個幻相。

(9:4~6) **你無需付出或接受任何代價。這不是交易，也無可交**

換，沒有一物會被另一物所取代。上主的天律永遠給予，從不索回。

　　當初，小我的誕生就是源於「我已取代了上主（或基督）的地位」這一原始妄念，接下來的戲碼都是由這個既有的前提發展出來的。也就是說，我犯下了篡位之罪，生出無比深重的罪惡感，斷定自己必遭懲罰。為了平息被我冒犯的神明之義怒，我自己杜撰出一套救恩理論：「祂一定會向我索債，要我受苦犧牲，付出血淋淋的代價。」這就是小我心目中的救贖觀，世界也是從這個瘋狂之念衍生的，難怪世人全都深信不疑：「若要活得幸福或解脫，自己多多少少都得付出一些代價。」我在下面引用了〈心理治療〉一段論及付費問題的話語。倘若以世間的觀念而言，治療師治病，病患理當付出等值的費用，但耶穌的主張比較接近馬克思的理想「**各盡所能，各取所需**」。令人遺憾的是，這個烏托邦的願景從未在人間實現過。耶穌的付費觀念所根據的正是這一原則，它和市場價格完全大相逕庭：

> 只有尚未療癒的治療師才會為了金錢而治療；他對金錢重視到什麼程度，他的療效就會受到多大的限制。他自己也無法在這過程中獲得療癒之效的。聖靈會要求某些人為這救恩目標付些費用。也有些人，祂不要求付費。……「付費」與「代價」的意義有所不同。按照上主的計畫而付費，稱不上是付出代價。該付

費時卻吝惜不給，那種代價可高了。⋯⋯病患只是為
他們所交換的幻相而付費。為此，「費用」是少不了
的，而且「代價」還挺高的。⋯⋯不論是張三滿足了
李四的需求，還是李四彌補了張三的匱乏，都可能為
他們建立神聖的關係。⋯⋯治療師以感恩之心回報病
患，病患也以同樣心態回報治療師。這對雙方都是無
價之寶。⋯⋯這是〔反映出〕上主的天律，而非人間
法則。（P-3.III.2:1~4,6~8; 3:3~4; 4:4,6~7; 5:4）

耶穌知道我們一定會抗議的，故他緊接著說：

上述的「付費」觀點也許顯得很不實際，在世俗的眼
中確實如此。然而，世俗的想法沒有一個是真正實際
的。一味追求幻相又能帶給人多大的益處？把上主拋
到九霄雲外又會帶給人多大的損失？人可能拋棄上主
嗎？（P-3.III.7:1~5）

這段剴切的話，其實是希望我們在人間的關係能夠反映出
完美的一體之律，在這樣的天律下，絕對沒有輸贏損益這一回
事。它在虛幻人間所流露的愛，成了救恩棲息的磐石，誠如這
一個金句說的：「只要有一人獲益，所有的人都一起獲益。」
（T-25.VII.12:2）

耶穌要我們繼續聆聽聖靈之言，看出自己不得不臣服的那
一套「自然律」是多麼荒謬：

(10) 聆聽祂所告訴你的真相吧！你才會明白那些「自然律」是多麼荒謬，而你竟然相信你眼前的世界是靠它支撐下去的！然後，再仔細地聆聽。祂會告訴你更多的事。關於天父對你的愛。關於祂所賜你的無上喜悅。關於祂對自己唯一聖子的渴望；祂原把聖子創造成祂與造化之間的媒介，聖子卻因相信地獄而自絕於祂。

聖靈無意奪走人間的遊戲規則，祂只是揭發自然律的荒謬，因為它反映的那套思想體系本身就荒謬無比。請記住，奇蹟不會為我們作出正確選擇的，它的功能只是幫我們看清自己過去所作的錯誤選擇而已：

> 奇蹟幫你看清是你在作這個夢，而且夢中情景都不是真的。……奇蹟其實什麼也沒做，只是幫他〔夢者〕看清自己也什麼都沒做。（T-28.II.7:1,10）

只要我們有心聆聽，聖靈便會「告訴」我們天堂之愛是怎麼一回事，那是我們決心死守宛如地獄的特殊之愛時存心遺忘的真愛。

(11:1) 今天讓我們為祂開啟上主的所有管道，使祂的旨意得以通過我們而延伸到祂那裡去。

話說回來，縱然我們曾經選擇小我來取代上主的真愛，但只要我們真心寬恕那個錯誤，天人的交流管道（心靈）就開啟了，被罪咎與特殊性牢牢封鎖的正念之源（聖靈），也在寬恕

中重獲自由了。

(11:2~6) 造化就是這樣無止盡地增長的。祂的天音不只告訴我們這一切，還會帶來祂的天律下永恆而無限的天堂喜悅。我們將不斷複誦今天的觀念，直到我們真正聽見而且了解：除了上主的天律以外，真的沒有所謂的自然律。然後，用下面的話當作一種承諾，作為練習的結束：

　　除了上主的天律以外，沒有什麼自然律可言。

　　我們一旦決心接受救贖，憶起自己原是基督這一終極身分，我們必也認同了自己真正的創造使命：讓上主聖愛**透過**我們無限地擴展，直到我們成了聖愛的**化身**。這個「我們」是指上主所創造的唯一聖子，亦即與上主一體不分的基督自性，這一自性生命**不受**上主天律的管轄，因為它自己**成了**天律。

(12) 今天，我們要不斷重申這一承諾，多多益善，一小時最少四、五次；今天，只要一感到自己快要受到其他法則或定律控制時，立刻以這句話回應。這句話是我們面對一切危機及暴行的自由宣言。我們藉此重申：上主才是我們的天父，祂的聖子已經得救了。

　　繞了一大圈後，我們又回到原先的主題——領受救贖。耶穌要我們在這一整天下定決心接受救贖，**至少**十二至十五分鐘就重申一次。每當我們看到自己快要相信匱乏與剝削的小我之律，或是陷入特殊性與失落之律時，盡快回到這一記憶：「除

了上主的旨意以外，沒有其他的旨意存在；除了上主的天律之外，沒有什麼自然律可言。」我們會很高興地承認：「是的，這些人間法則都是我自己打造出來的，而且至今仍十分仰賴它們。此刻，我終於願意承認自己錯了，我只需接受『我的天父是上主而非小我』這一真相，所有的罪咎念頭都會消融在祂的聖愛中，從此我再也不受它們所苦了。」最後，我們只剩下一個問題：「為什麼我今天老是**不肯記得**這一幸福真相？」

第七十七課

奇蹟是我的天賦權利

　　這是〈練習手冊〉首次論及「奇蹟」之處。在此之前，耶穌雖曾暗示過奇蹟的觀念，但它正式成為討論的主題，本課算是第一次。由於奇蹟這個詞太容易被誤解，故在進入課文之前，我要簡短地解說一下。

　　耶穌在整部課程極為擅長聲東擊西來借題發揮，他常採用一些眾所周知的詞彙，卻每每賦予截然不同的意涵，以這部書的書名「奇蹟」一詞來說，就是最顯著的例子。一說到奇蹟，幾乎人人都會聯想到某種外在事件，尤其是西方人，不管是否相信《聖經》，都難免對〈舊約〉與〈新約〉裡的神蹟故事印象深刻。無論是將紅海一分為二，或治癒病人、令死者復生等等，不一而足，可以說，這些神蹟都涉及某種身體或外在層面的改變。然而，本課程所說的奇蹟，意涵卻大不相同，它直指心靈層次的變化，與外在層面毫無關係。第七十七課和七十八

課特別為我們點出，把奇蹟理解為「修正自己的錯誤知見」，才是最道地的奇蹟觀；不僅如此，這種奇蹟觀還成了我們化解痛苦煩惱的不二途徑。耶穌在第一百九十三課明白告訴我們，人間所有的困境都源自「不寬恕」：「你內心所有沉重的負擔，無疑地透露了你的不寬恕。」（W-193.4:1）到了下一課，耶穌會從「解除怨尤」的角度講解奇蹟的作用。

　　因此，在操練這幾課時，必須隨時記得奇蹟乃是「改變心念」；說得更具體一點，就是換個老師（即放下小我，選擇聖靈之意）。這一轉變，足以修正所有的妄見和妄念，切斷世間一切的苦因。當耶穌開門見山說「奇蹟是我的天賦權利」，他絕不是指任何外在事件，更不是暗示上主的恩典會從天而降，賜福給我們、家人或任何人。他要說的是：我們有結束一切痛苦的權利，只因我們是上主的聖子，而聖子是不可能受苦的。即使他能夢見自己受苦，夢到與上主分離，也絲毫改變不了「他仍是上主所創造的」這個真相。換言之，耶穌有意藉著「奇蹟」一詞來點出「改變心念的奧妙」。他教導我們慢慢看清，自己一手打造的個人或集體世界，原來只是黃粱一夢；我們既是作夢之人，理所當然能夠改變自己對夢境的心態。〈正文〉也有類似的說法：

　　　其實什麼也不曾發生，你只是陷入昏睡。……奇蹟並不喚醒你，它只會幫你看清作夢的究竟是「誰」。它告訴你，你在睡眠中仍能選擇不同的夢境，全憑你賦

予此夢何種目的而定。你究竟想要夢見療癒，還是夢
見死亡？（T-28.II.4:1~4）

現在，我們回到課文，跟著它一步一步進入療癒之夢，它
可說是我們由分裂之夢覺醒的先聲：

(1:1~2) 基於你的生命本質，奇蹟是你的天賦權利。基於上主
的存在本質，你必會領受奇蹟。

耶穌或聖靈始終臨在於我們心中，這是奇蹟的源頭。祂們
的臨在成了「我們是上主唯一聖子」最好的提醒。耶穌在奇蹟
原則第二條特別揭示，奇蹟的終極源頭之價值，遠遠超乎人間
的評估（T-1.I.2:2），這無異於宣告：上主不是我們的腦袋所能
了解的。耶穌或聖靈的臨在，不過反映出生命的終極真相，也
就是「天人不曾分裂過」這一救贖原則。我們必定會得到奇蹟
的，只因我們**早已**收到這份禮物了。這種「修正」完美地保存
於人心內，只等著我們接受。

(1:3) 基於你與上主的一體性，你會帶給人奇蹟。

選擇奇蹟，等於決心回歸心靈，也就是選擇聖靈而放下小
我，如此，分裂信念便隨之化解了。在那神聖一刻，分裂的聖
子消失了，只剩下那**唯一**聖子。我們領受的奇蹟自然也會流
經我們，延伸至整個聖子奧體；因為已經療癒的心靈本身**就是**
聖子奧體。耶穌正是唯一聖子的偉大象徵，我們只要決心以他
為師，且與他的愛認同，就會變得像他一樣。海倫在〈耶穌禱

詞〉一詩透露了這份強烈的渴望，我多次引用過這首發人深省的詩，最早引用的就是這一段：

　　祢展現了
　　我完美的境界，
　　要我磨亮弟兄昏瞶的視野。
　　當他們再度抬起雙眼，
　　願他們看到的，
　　是祢，而不是我

　　　　　　　　——《天恩詩集／暫譯》P.83

　　耶穌也在〈正文〉中告訴我們，他已超越了小我，只要牽住他的手，我們便會和他一起超越小我的：

　　我在前面領路，因為我已超越了小我。因此，拉住我的手吧！只因你也同樣想要超越小我。（T-8.V.6:7~8）

　　在我們超越分裂之念的神聖一刻，便給出了奇蹟。也就是說，在我們選擇那位神聖導師之際，便已回歸了天人一體之境；與造物主重歸一體，自然也和祂的造化合而為一，因為這個一體本質始終擁抱著狀似分裂的聖子。

　　「奇蹟」一詞在本課裡好似暗指我們該做什麼似的，這類手法在〈正文〉也屢見不鮮。前文已經解釋過，耶穌為了讓我們理解他的教誨，他在《奇蹟課程》使用的語言不得不遷就「自認為是一具身體，也把別人視為身體」的我們。也因此，

本課程多處的文字彷彿暗指奇蹟少不了某些行動；但事實上，它不過表示我們選擇了修正的思維，因而領受了這份禮物。我已說過，一旦領受了奇蹟，它會自動延伸到一體心靈的每個角落。在這當中，這個由身體及小我構成的個體之我，其實什麼也沒做；我們根本無法在身體層次給人奇蹟，自己也絕不可能在那個層次領受奇蹟的。簡單說，奇蹟僅僅代表心靈的一個決定，自願成為推恩的管道而已。

(1:4) 救恩就是這麼單純。

　　救恩單純無比，這是《奇蹟課程》最常出現的一個理念。比方說：「凡是虛妄的就是虛妄，凡是真實的則千古不易。」這個「虛妄」，就是指小我體系本身，不論它以什麼形式呈現，虛妄仍是虛妄；唯有上主的真理永恆不易。這個真理單純無比，難怪耶穌三番兩次地反問我們：「還有比這更單純的真理嗎？」

(1:5~6) 它只不過是重現你的本來面目罷了。我們今天所要慶祝的正是這個。

　　只要選擇奇蹟，便足以修正「我們是小我、我們的心靈已分裂了、我們再也不是上主創造的我們」這類錯誤的知見。一旦意識到我們**並非**小我眼中的自己，而是基督，「我是上主之子」這個真實身分的記憶，便會在自己心底慢慢浮現出來。

(2:1) 你對奇蹟的權利，不是出自你的自我幻覺。

可以確定的，我們對自己最大的幻覺，莫過於「我是這一具身體」。所以當我們企圖在身體層次改善自己或他人夢境時，奇蹟便不再是我們的天賦權利了；唯有改變自己的心念，才是我們「與生俱來的權利」。說得更具體一點，就是改換老師，這位新老師會教我們看出，我們是心靈，而非這具身體，而身體不過是神聖自性的拙劣仿製品罷了。耶穌在《天恩詩集》曾對海倫說：「我不是那存心嘲弄真相的夢境。」（《天恩詩集》P.121）。意思是說，他不是一具身體，也不是小我，更不是進入小我夢中來嘲弄我們靈性真相的那位英雄。我們也不想做這類英雄，只願領受修正的奇蹟，再度認出自己的生命真相。

(2:2) 它不是靠你賦予自己的那些神通能力，也不靠你所設計的那些宗教儀式。

《聖經》所描述的神蹟，都少不了某個神奇人物，為了嘉惠他人，施展了某些奇事；《奇蹟課程》將它們歸類為「怪力亂神」。《聖經》中的上帝喜歡在物質世界裡大展神威，絕大部分的神蹟都出自祂的手，或者透過祂特別揀選的人物（比如先知或耶穌），來成就祂的旨意。但這些神蹟和改變心念並沒有關係，所插手干預的，也盡是心靈之外的問題，因此，《課程》才視之為怪力亂神。《聖經》雖然偶爾也提到心靈（mind）這類字眼，但它的意涵和《奇蹟課程》截然不同，可以說，《聖經》裡所處理的問題都屬於外在層次，故它的神蹟

也只能在那個層次發生作用。

　　《奇蹟課程》的途徑大不相同，它將問題的焦點從身體移向心靈，追溯到「認為出了問題」的心靈那兒，進而追根究柢，點出人間所有的問題都與罪咎脫離不了關係，唯有奇蹟方能化解。

(2:3~5) 它是你的生命真相以及與生俱來的權利。這一切都隱含在身為天父的那位上主內。你的權利在受造之際即已獲得了上主天律的保證。

　　基督才是我們的生命真相，這一真相的記憶，始終都存留在正念之心內，由聖靈為我們護守著。奇蹟只可能發生於此，也在此等著我們選擇。課文這幾句的主詞「它」，即是指天賦予我們的奇蹟權利，只因我們是上主之子；既然如此，修正必然也是天賦權利，而且始終存在於我們心內。

(3) 既然奇蹟本來就是屬於你的，我們今天就要領回你的天賦權利。上主也許諾了，你會由自己所造的世界徹底解脫的。祂還向你保證，天國就在你內，永遠不會失落。我們所要求的，不過是在真理內本來就屬於我們之物。然而，今天我們也需要發個願，絕不再自甘墮落、委曲求全了。

　　前面已經說過，奇蹟非我們莫屬，因為它就在我們心內；我們不可能在心靈之外或心外之物找到奇蹟的。「你會由自己所造的世界徹底解脫」的許諾，和「天國就在你內，永遠不會

失落」的保證，正是救贖原則最後要傳達的真相——天人不曾分裂過。聖靈就是憑著這一真理幫我們從世界解脫出來的，只因整個世界都建立在天人已經分裂的信念上；而這個信念又衍生出一套個體生命的思想體系，因著罪、咎、懼的懲愚，最後推向投射的高峯，物質世界就這麼誕生了。由此可知，既然天人不曾分裂過，個體意識便無法從中作祟，我們自然而然就由世界脫身了。這個真理是我們不折不扣的天賦權利，因為我們**就是**這一真理，是天父慈愛旨意的無限延伸。

在這一段，我們又看到《奇蹟課程》反覆出現的主題：我們一旦選擇了小我而非聖靈，等於選擇卑微而放棄偉大（T-15. III），表示我們寧可屈就於自己打造的冒牌貨也不願接受神聖光明的真我。換句話說，我們不知享受豐盛的筵席，卻自甘以一些殘渣剩餚果腹充飢；或僅僅抓住幾個零星的音符，而不懂欣賞整首歌曲，正如〈頌禱〉開篇所說的：

> 它的主題曲永遠是一首感恩與愛的頌歌。

> 因此，你祈求的並非那個回音。那首頌歌才是你想要的禮物。為它伴奏的泛音、和音及迴音等，都是點綴而已。在真祈禱中，你只會聽到那首主題曲。其餘的一切都是錦上添花。（S-1.I.2:9~3:5）

耶穌在「遺忘的歌曲」一節也說過：「那些音符本身並沒有什麼特別。」（T-21.I.7:1）我們不願活出靈性，而自甘禁錮

在肉體內，不僅瘋狂至極，更是自我糟蹋。耶穌在〈正文〉繼續告誡我們：

> 不要甘於卑微。但你必須先明白卑微的含意，以及為何它永遠滿足不了你的道理。卑微是你給自己的禮物。當你給出卑微，且以此取代偉大時，表示你已經接受了卑微。世上的一切之所以微不足道，是因為整個世界都是由卑微之物構成的，而你也一直設法說服自己接受卑微。你若相信自己在世奮力追求的種種俗物能讓你活得心安，那實在是自貶身價，無視於自身的榮耀。你究竟願為卑微或為榮耀而儆醒奮鬥，完全操之於你。只要你選擇其中之一，必會喪失另一的。（T-15.III.1）

總而言之，他要我們明白，我們的問題不是要的太多，而是要的太少（T-26.VII.11:7）。上主之子的天賦權利原是擁有一切的。

(4:1~2) 開始作「長式」練習時，先信心十足地告訴自己：奇蹟是你的天賦權利。然後，閉起眼睛提醒自己，你所要求的僅是你應享的權利。

耶穌不斷提醒我們，好好善用這兩個觀念，尤其在我們感到特殊、憤怒、內疚、焦慮或沮喪，而逐漸陷入分裂信念之際，那樣的時刻，表示自己已經把小我思想體系的某一部分弄

假成真了，因此必須當下覺察自己選錯了老師。唯有如此，新的老師才能幫我們看清，眼前的問題原來是自己捏造出來的，目的是為了保存我們的個體身分。要記得，這個我始終存在心靈內，就看抉擇者決定認同哪一方了。只要我們繼續認定問題出在世界或身體而非心內，等於在為失心狀態背書。如此一來，我們豈有改變心念的機會？失心狀態成了小我的安全堡壘，而今我們跟它的認同已經到了牢不可拔的地步；對此，這幾課的練習可謂具有扭轉乾坤之力，足以幫助我們解除從小我學來的一切。

(4:3~5) 進而提醒自己，奇蹟絕不會剝奪此人而施惠彼人的，因此在你重申自己的權利之際，也等於為每一個人伸張了權利。奇蹟從不聽從世界的自然法則。它只服膺上主的天律。

　　在〈正文〉第二十三章論及五條無明法則那一節裡，《奇蹟課程》把世界運作模式描述得淋漓盡致。第四條法則「你相信自己能夠擁有你所奪取之物」（T-23.II.9:3），說的正是我們早已耳熟能詳的小我原則「非此即彼」——如果你擁有，表示我沒有；反之，我若擁有，表示你沒有。由此推之，我若想要你的純潔無罪，就必須從你那兒搶奪過來；或者，你必須有罪，不再純潔，才能襯托出我的純潔無罪。我們就是如此奪取他人的純潔無罪而據為己有的。

　　小我的無明法則，處處建立在「你我不同」這個信念上，它的第一條法則「真理因人而異」，即是從「幻相有層

次之分」衍生出來的，藉以印證每個人確實天生不同（T-23. II.2:1~3）。對此，《奇蹟課程》則主張天堂只有一條天律，就是「我們是完美的一體生命，同屬一個聖愛」，而且「我們本是同一生命，你的真相必然也是我的真相」，這就是上主的天律。也因此，奇蹟必然存在於每一個人心內，因為聖靈平等地臨在每一個人心內，絕無例外可言，只因天堂實相之境不可能有例外，所以它在人間的倒影也必然如此。

(5) 作完簡短的前導部分後，靜靜地等候你的要求已經獲允的保證。你要求的只是世界的得救以及自己的救恩。你祈求祂賜予你完成救恩所需的工具。你一定會獲准的。因你祈求的不過是完成上主的旨意罷了。

　　〈正文〉說了**兩次**「最後的結果必如上主一般屹立不搖」（T-2.III.3:10; T-4.II.5:8），是的，我們不可能失敗的。問題是，我們相信自己可能失敗。如果我們不知善用聖靈給我們的工具（奇蹟或寬恕），我們就不可能憶起上主對我們的旨意，更不可能記得我們**就是**上主旨意。唯有奇蹟，方能喚醒這一記憶，迎來救恩。

(6) 你這種祈求其實並非真的要求任何東西。只是陳述一項無人能否定的事實而已。聖靈必會向你擔保，你的祈求已經獲准了。事實上，你必也領受到了。今天，你再也沒有懷疑或猶豫的餘地。我們終於提出了一個真實的問題。你所得到的答覆也只是單純地陳述出一個單純的真理而已。你必定會獲得你所渴

望的保證的。

　　前文已多次談到，我們的問題不在別處，而在於自己的傲慢，總認為自己知道問題何在，還知道該怎麼提問。我們所提出的問題，不外乎：「我該怎麼做？我該說什麼？我該如何解決這個問題？我該搬到哪兒？我該從事哪一種工作？我該跟誰建立親密關係？」其實，這些問題全部都是障眼法，故意讓我們意識不到真正的分裂大患。這一點，留待第七十九課和八十課再繼續深入。

　　說到究竟，我們的祈禱不再是**要求**任何具體的事物，而只祈求聖靈幫助我們意識到自己不過是犯了一個錯誤，如今，我們總算可以作出正確的選擇了。這樣的祈求，就跟〈正文〉的說法頗有異曲同工之妙：「*但只有祈求寬恕才算是有意義的祈禱，因為已受寬恕的人擁有一切。*」（T-3.V.6:3）祈求自己甘心領受始終深藏在心內的奇蹟或修正，才是最道地的祈禱。也就是說，我們必須把注意力從眼前的問題移開（不論這問題出現在自己或別人身上），同時，把眼光轉回心靈。如此，我們便會明白，問題根本不在外邊，純粹是內心的一個錯誤選擇而已。這樣的「修正」，*毋*寧就是奇蹟的精髓；祈求這種奇蹟，才是最上乘的祈求。它的答覆就在神聖一刻內，下文為我們做了精闢的解說：

　　　　因此，別再企圖從世界的角度解決任何問題了，因世
　　　　界根本一直在抵制答案來臨。你應將問題帶到慈愛天

恩為你準備好答覆的那個地方。只有那個答案才真
正解決得了你的問題，因為它能跳出問題本身，幫你
看清什麼才是值得答覆的，也就是什麼才是真正的問
題。世界的答覆方式乃是不斷提出新的問題來搪塞舊
的問題。只有在神聖一刻內，你才能將問題帶到答案
所在之處，接受那早已為你備妥的答覆。（T-27.IV.7）

**(7:1~4) 我們今天要盡量多作「短式」的練習，不斷藉此來提
醒自己這一單純的事實。隨時告訴自己：**

奇蹟是我的天賦權利。

生活一出狀況時，就趕緊祈求奇蹟。

　　耶穌再次提醒我們，如果我們不好好善用這些練習來化解
自己的煩惱痛苦，整部練習乃至整部課程便都形同虛設了。他
要我們具體套用今日的觀念，尤其是在自己心生不悅，忍不住
又歸咎他人之際，好好發揮這句話的效用。

**(7:5~6) 你會認出這些狀況的。由於你不是依賴自己的能力尋
求奇蹟，因此只要你求，必會得到本來就屬於你的奇蹟的。**

　　這一小段話非常重要，因它寓意著心靈的一大轉折。在此
之前，我們一向依靠自己，或是信靠自己所投射出來的耶穌、
聖靈或上主。我們認為自己無需改變心態，這群天上神明就能
拯救我們脫離苦海。然而，老實說，向這類法力無邊的神明祈
求，只會淪於怪力亂神，不可能為我們帶來真正的療癒的。在

這一小段課文，耶穌假定我們已經不再自以為是了，也不再祈求自己心目中那種神明或耶穌來解決問題；如今，我們終於回心轉意，直探問題之源（也就是曾經決心自力更生、寧願受苦也要證明自己是對的那位抉擇者那裡），真心向耶穌或聖靈求助說：「我再也不願靠自己了！」唯有如此，奇蹟才會保證回到我們心中。就這一點而言，耶穌曾經答覆過海倫，提醒海倫不要自行界定問題而後期待他的答覆：

> 只要是具體的問題，都少不了一堆假設的前提，如此，無可避免地也為答案設了限。提問越是具體，表示我們已經決定自己只接受某一種答案。語言的目的就是設限，藉之才能把天堂廣大無邊的經驗領域窄化到人類能夠操控的經驗範圍內，其實也就是限縮到你能操控的範圍內。（《暫別永福／暫譯》P.445）

重點是，我們必須先看穿所有的問題全是同一回事，才可能祈求奇蹟的（說穿了，其實是拜託自己選擇奇蹟）；這種祈求才是唯一有意義及有效用的。也唯有這種奇蹟能為分裂之境帶來真實且不可限量的修正效果。

(8) 請記住，不要委曲求全，也不接受差強人意的答覆。每當誘惑生起，立刻告訴自己：

> 我不願用奇蹟來換取怨尤。我只要那本來就屬於我的東西。奇蹟乃是上主賦予我的權利。

第七十八課

願奇蹟取代所有的怨尤

　　本課更具體點明了：一切的問題都出自怨尤，而所有的答案則盡在於寬恕。順便在此一提，這是〈練習手冊〉首次全文使用抑揚格無韻詩體的一課。不同的文體對課文的內涵當然沒有任何影響，但對於喜好莎士比亞抑揚格詩體的讀者來說，可是額外的驚喜。先前的課文偶爾還會出現不合抑揚格的句法，但這一整課從頭到尾合乎抑揚格的節拍，直到課文尾聲，耶穌才又回到散文形式。當我們誦讀本課時，常會不自覺地隨著音韻起伏，擊節吟哦，這正是抑揚格無韻詩的魅力所在。〔譯註〕

(1:1) 也許你還不十分清楚，你所作的每一個決定不是怨尤，就是奇蹟。

　　無可諱言，我們總認為人間的選擇總是落在外境，到底該

〔譯註〕翻譯的作品，無法傳達出原文的詩體節拍，在此致歉。

選甲還是選乙？該去看這人還是那人？該吃這種食物還是那類
食物？該到這兒還是去那兒？耶穌在此卻告訴我們，這類形式
上的選擇，其實是在遮掩它們下面隱藏的唯一選擇：我究竟是
要選擇小我還是聖靈？選擇攻擊還是寬恕？怨尤還是奇蹟？

(1:2) 每個怨尤好似成了遮蔽奇蹟的一道充滿仇恨的陰森屏障。

　　請特別注意怨尤的真正企圖。前文已經討論過，《課程》
一再強調「目的代表一切」，耶穌也明白說過，該提出的問題
僅僅只有一個，就是：「我這樣做究竟是為了什麼？」（T-17.
VI.2:2）可以說，我們對某事物所賦予的目的，就是這一事物
全部的意義。上面這句課文直接點出：怨尤乃是一種防衛措
施；「仇恨的陰森屏障」，即是防止我們選擇奇蹟的一種障眼
法。所以《課程》才會說：「我們絕不是為了自己認定的理由
而生氣或批判的。」我們卻一口咬定，自己是因為某人做了什
麼、說了什麼，或者某個事與願違的原因而生氣的。上述短短
一句話，即已揭發了攻擊之念背後的真正意圖，原來是我們根
本不想看到奇蹟。

**(1:3) 你若任憑怨尤在你眼前升起，你就無法看見藏身其後的
奇蹟了。**

　　捫心自問，我們為什麼不想看見奇蹟？因為如果要看到奇
蹟，就必須把目光轉向自己心內，這麼一來，我們便會意識到
自己煩惱的真正理由純粹是因為自己作了錯誤的選擇。換句話

說，我們既是夢中之人，也是作夢之人，故也只有我們才能改變自己的夢境，而這正是小我抵死不願我們發現的真相。進而言之，我們之所以相信小我真實不虛，只因我們不想憶起它根本是我們憑空捏造的。小我本身既非真實的存在，那麼，由它孕育而來的世界豈不頓失立足之地！然而，請記得，整個世界栩栩如生的表相，純粹是聖子的信念力量所賦予的。

一言以蔽之，小我的隱憂並不是上主的愛（因它對愛一無所知），而是聖子心中的那位抉擇者。那位抉擇者既然有能力選擇小我，表示他也可以隨時隨地撤回他賦予小我的力量而重新選擇聖靈。果真如此，不僅小我，連帶我們的個體意識也會在這個神聖一刻消失於無形。故說小我根本不怕上十字架，它最怕的反倒是救贖（T-13.III.1:10~11）。為了確保不落此下場，小我不惜編出一套曲折迷離的罪咎懼之思想體系，並且投射到現實世界裡，讓我們有充分的理由來煩惱或憤怒。它為了掩飾埋藏於心底的罪咎，結果把心靈深處的愛也一併覆蓋了。小我的「仇恨屏障」就這麼遮蔽了奇蹟的蹤影，阻斷了我們選擇它的機會。

(1:4) 然而，奇蹟一直在光明中等候著你，你卻只顧盯著自己的怨尤。

具有修正作用的奇蹟，始終在等著我們選擇它；這個修正，明白的說，就是聖靈。聖靈就是修正。為此，我們若想推開聖靈的愛，只消找個人去鬥就成了。耶穌在〈教師指南〉論

及「上主的平安」時，也提過類似的觀點：

> 憤怒所在之處，上主的平安絕對無法進入，因憤怒必
> 會抵制平安的來臨。只要你還想為自己的憤怒尋找藉
> 口，不論以什麼方式或在任何場合下，你等於公開宣
> 告平安沒有存在的意義；那麼你必然也會相信它沒有
> 存在的可能。（M-20.3:3~4）

憤怒有如一道堅固的屏障，遮蔽了上主的聖愛。我們知道
那個聖愛一旦出現，自己的特殊性便會消失於無形，故避之猶
恐不及。最簡單的逃避方式，莫過於找個人去鬥，也許拳腳相
向，或者逞口舌之快，即使僅僅懷恨在心，都能達到目的。不
論我們以哪一種形式表達憤怒，背後的理由只有一個，就是想
藉著怨尤的黑暗來遮蔽奇蹟的光明。

**(2:1~2) 今天，我們的眼光要越過怨尤，正視奇蹟的存在。我
們要徹底扭轉你看的方式，不讓眼光停留在眼前之物上。**

這幾句話顯然在說：眼睛沒資格充當看的工具。前文也說
過，真正的看見（或慧見）只可能發生於心靈內，也就是我們
選擇耶穌作為慧見之源的神聖一刻。因此，耶穌一旦被逐出心
外，我們就真正失明了，在內只看得到分裂及罪咎，對外，自
然也只能看到一個充斥分裂及罪咎的世界。但那種看見，絕非
真實之見。可還記得先前引用的一句話：「沒有比只看外表的
知見更盲目的了。」現在，我將它的前後文引述於下：

凡是肉眼能見之物，充其量只能算是一種錯誤、偏曲的知見、一個失落了整體意義的扭曲片段。……肉眼只能看到外在形相，它是為了什麼目的而造的，它就無法超越這一限度。肉眼是為了看見錯誤而造的，不是為了看穿表相。這種認知能力確實怪異，它僅看得見幻相，卻穿越不了罪的銅牆鐵壁，只好駐足於虛無表相前喟然生歎。在這種病態的目光下，外在一切都成了擋在你和真相之間的高牆，而且顯得真實無比。縱然那銅牆鐵壁只是虛有其表，但你的視線一旦被它擋住，怎麼可能看得真切？它必會被表相蒙蔽，因為那些表相正是為了確保你看不到真相而造的。

肉眼既不是為了看見真相而造的，因此它們絕對看不見真相。它們所代表的觀念離不開造出它們的主人之居心，也只有它們的主人才會透過它們去看。主人當初既是為了不想看見而造出眼睛，這一雙肉眼自然成了有眼而看不見的最佳工具。你現在總算可以看清，肉眼是如何仰賴外在形狀而無法越雷池一步的。你也看清了，它如何被擋在虛無之物前面，無法穿越表相而看清此物的意義。沒有比只看外表的知見更盲目的了。只知著眼於外形的目光，透露了此人的理解能力必已受損。（T-22.III.4:3; 5:3~6:8）

正因如此，耶穌要我們千萬別相信感官顯示給我們的知見。只因肉眼所矚目的表相，全是小我分裂及罪咎思想體系所投射出來的幢幢鬼影。

(2:3) 我們不再踟躕於仇恨的屏障之前，而要將它撤下，輕輕抬高自己的眼光，靜靜瞻仰上主之子。

剛接觸《奇蹟課程》時，我們多半會認為上主之子就是眼前的那個人，直到操練一段時日後，才慢慢體會出，所謂上主之子和眼前所見的那個人根本是兩回事；我們只是把內心經驗到的聖子形象投射到外面那個人身上而已。根據「投射形成知見」的原理，我們在心裡把聖子誤解成什麼模樣，就會在外面看到一模一樣的人。對於我們特殊之愛或特殊之恨的伴侶，這幾課足以扭轉我們看待他們的眼光，但說得更透徹一點，真正要改變的，其實是**我們內心**對上主之子的認定。也就是說，在我們能夠把自己心裡對聖子的知見由有罪形象轉變為無罪之前，必須先意識到那位聖子不是別人，就是我們自己。有了這番領悟，我們才會心甘情願撤除那道仇恨的屏障。

(3:1~2) 他正在你的怨尤之後等候著你，只要你能放下那些怨尤，他便會就地大放光明。因為每個怨尤都阻擋了你的視線，障礙一除，你就會在上主之子恆在之處看見他。

聖子始終活在天父內，不曾片刻離開祂。正因如此，我們也可以說，聖子始終活在心靈內，不曾失落生命根源的記憶。

救贖原則就是要我們記住：仇恨的黑暗阻擋不了光明，小我的怨尤也遮蔽不了基督的聖容，祂的聖容會藉由我們的寬恕翅膀，飛越任何屏障而大放光明的。

(3:3) 他佇立於光明之中，是你一直陷於黑暗。

這位上主之子就是基督。儘管我們一直在用分裂、罪咎及仇恨的紗幔將祂罩在黑暗中，基督依舊透過聖靈而臨在我們心靈的正念部分。不幸的是，因著妄心的作祟，我們選擇了這道紗幔，寧可忘卻光明的存在。

(3:4~4:1) 每個怨尤都使黑暗顯得更加幽深，使你無法看見。

今天，我們要試著正視上主之子。

此刻，耶穌又給了一個寬恕的練習，幫助我們越過小我充滿敵意的判斷黑幔而看到光明的臨在。請記住，耶穌顯然是要我們在自己一直不肯放過的弟兄身上，看出他就是上主之子。既然我們在外面的鏡子裡所看見的，不過反映出我們在自己裡面所看到的，那麼，我若在你身上看到基督之光，表示我在自己心裡看到並且相信的這位聖子也必然充滿光明。是的，只要我肯學習把你這位充滿特殊性的弟兄看成上主之子，我必會在自己心內看到同一個聖子的。

(4:2~5) 我們不願繼續對他盲目下去，我們不再只盯著自己的怨尤。只要我們放下恐懼，朝真理望去，我們對整個世界的

看法也會扭轉過來。我們會選擇一個你懷有宿怨的對象，然後試著放下對他的怨尤，重新正視他。他也許是你又恨又怕或又愛又氣的人，也許是你視為朋友，卻又感到難以相處、難以取悅、過於苛求、令你反感或不符合你心目中的理想形象，也未活出你為他設定的角色的人。

　　耶穌在〈正文〉「夢中的角色」那一節說得很清楚，我們對別人發怒，都是因為對方沒有盡責演出我在夢裡為他編排的角色（T-29.IV.4:1）。請注意，這類的練習會以各式各樣的形式反覆出現在整部的〈練習手冊〉，用意就是要我們隨時隨地落實在生活中，而不僅僅限於這幾課裡的練習。每一次，當我們快要被惹火時，正是最好的操練時機。每個人都有自己忍不住攻擊的對象，但耶穌說的絕對不限於此，因為這個對象也有可能是我們的朋友或愛人。只要某人的一個言行刺到我的痛處，就是幫我自己認出「人際關係只是一個煙幕彈」的大好機會，表示我又把自己因為推開耶穌之愛而生的罪咎投射到對方身上了。說實在，如果我們容許自己浸潤在耶穌的愛裡，是不可能被任何人激怒的。我之所以說「不可能」，正是基於心靈「非此即彼」的原則，因為仇恨與寬恕，恐懼和愛，兩者是不可能同時並存的。

　　每當我們忍不住發怒時，背後必定有更深的意圖，它們可以歸納為幾個歷程。其一，我們感到耶穌的愛對自己的特殊性構成了嚴重威脅，不得不跟它劃清界線。其二，我們對這個意

圖自知有罪，想方設法壓抑這種內疚。其三，最後忍不住向外尋找相稱的投射對象，把罪咎投射到他身上去，竊盼自己能夠因之神奇地擺脫罪咎感。除此之外，最屬害的一招便是：衝突之後，我們會故意遺忘這三層經歷，只記得事件的結果──受害、憤怒與失落之感。也因此，每當我們陷入這類境況時，務必記得用這些練習提醒自己回到心靈層次，向耶穌求助，坦白承認：「我一定錯看了這人，因為我存心把自己的不安怪在他頭上。」（T-5.VII.6:7）倘若能如實做到，現實生活的種種際遇便能給予我們無數的機會，看清「外在之所見真的只是內在罪咎的倒影」。只因我們完全心知肚明，自己仍然不想面對或接受內心的罪咎，才會投射到他人身上去的。

　　再說一次，唯有向耶穌求助，與他同心協力，才化解得了真正的煩惱根源，也就是我們因為拒絕了他的愛所引發的罪惡感。這就是何以然求助於耶穌或聖靈成為《奇蹟課程》如此重要的主題。要明白，「向真愛求助」本身就具有解除人間所有困境的力量，不論我們用什麼方式求助，都毫無差別。到了〈教師指南〉的結尾，耶穌還不忘耳提面命：「請求聖靈指引」乃是擺脫罪咎之捷徑。我把這段重要的教誨引述如下：

> 你若愈常把決定權轉讓給聖靈，對你愈有利，而且是相當重要的利益。你也許從未想過這一點，然而，它的關鍵性不容輕忽。遵循聖靈的指示，能夠幫你消除自己的罪咎。這是救贖的真諦。也是本課程的核心。

你想像自己已經篡奪了原本不屬於你的任務，這是恐懼的基本原因。反映在你眼前的整個世界都是證明「你確實幹了此事」的幻相，你不可能不心懷恐懼的。因此，把決定的任務交還給本來就非祂莫屬的「那一位」，你才可能由恐懼中脫身。如此，你等於是讓愛的記憶重歸自己的心靈。因此，切莫認為你必須遵照聖靈的指示是因為自己的不才或無能。其實它是帶領你出離地獄的善巧方便。（M-29.3）

這就是關鍵所在，以至誠之心向聖靈求助，這種心態最能幫助我們把注意力由**形式**轉向**內涵**；原本只想向祂祈求某個東西，結果祂卻把小我自以為是的傲慢悄悄化解掉了。

為此之故，唯有切身體會出「自己對他人的憤怒和失望」，以及「心靈與罪咎認同後卻存心壓抑而投射於外的這一決定」兩者之間的內在聯繫，療癒才算真正開始。因此，倘若想了解自己是否真心想修《奇蹟課程》，只要看看自己遇到狀況時有多快求助聖靈，當下便能了然於胸；因為我們想要多快改變自己對他人的看法，完全反映出我們希望多快改變對自己的看法。

(5:1~3) 你知道該選哪一個了吧！他的名字已經浮現在你腦海了。他就是我們期待為你顯示真實面目的上主之子。你若能放下自己對他的宿怨而真正去看他，你就會懂得，你在他身上看不出來的隱性特質始終都存於每一個人之內，且昭然若揭。

　　這段話援引了「一體適用」的理念，那正是下面兩課的主旨：如果我敢承認我對你的怨尤全是自己一手捏造出來的（世上所有的人都不乏可供操練的對象），並且將這種體驗延伸到某種程度，我必會發現，原來自己對所有人都懷有不少的怨尤。準此而言，如果我在你身上看到黑暗，必然也會在所有人身上看到黑暗，因為它原是我的一部分。反過來說，我若能在你身上看到光明，表示我也會在所有人身上看到光明，因為這光明也是我的一部分。正因如此，我必須先在具體的人事物踏實磨練，才能夠把這樣的經驗套用在所有事件上。終有一天，我們會徹底明白問題真的只有一個，答案也只有一個。耶穌在〈練習手冊〉後面也說過類似的話：

> 自從心靈教會自己具體的推理思考之後，它再也無法領悟那無所不包的抽象意境了。我們只需看清這一點，所學到的就已不可限量了。（W-161.4:7~8）

(5:4~6) 你視如仇敵的人，其實比朋友還親，只要你肯釋放他，容他重拾聖靈所指派給他的神聖角色。讓他今天就成為你在人間的救主吧！那才是他在你天父的救恩計畫中所扮演的角色。

　　弟兄不只「比朋友還親」，他根本就是我們的救主！這不是由於他具有某種神奇能力，而純粹是靠我們領悟出「自己在他身上看到的，原來是我們的自我認知之投射」。光憑這一點，便足以幫助我們跳脫罪咎，從此再也不受種種錯誤選擇的

後遺症所苦了。試想，若非這個特殊關係，我們豈有從中解脫的機會？由此可見，所謂「上主的救贖計畫」，一言以蔽之，即是：原本為了攻擊上主以及取代聖愛而打造的世界，如今變成幫助我們憶起上主的人生教室了。換言之，世界本身沒有任何救贖能力；真正的救贖，全靠我們賦予世界另一種目的而從中解脫的。

(6) 今天的「長式」練習就是要你去看出他的這個角色。你不妨先想一想自己心裡對他的感覺。回想一下他的種種過錯、你與他的種種爭執、他帶給你的痛苦、他的漠不關心，以及他所帶來的大大小小傷害。你還會注意到他外型上的各種缺陷或是還算不錯的地方，你會想起他所犯過的錯，甚至他的「罪狀」。

　　耶穌要我們對自己（以及對他）誠實一點，坦誠面對自己的怨尤，切莫隱藏任何幽微的感受。我們若還企圖壓抑，表示自己仍有保留那「一點黑暗」的私心（T-31.VIII.12:5），並非由衷想要放棄黑暗來換取寬恕的療癒之光。為了治療自己的傷痛，我們只好把這些黑暗陰影投射在他人，也就是投射到自己的救主身上。

(7:1) 然後讓我們向深知上主之子真相的那一位祈求，讓自己能以不同的眼光看到這一位人間救主在真實的寬恕中光華四射。

耶穌再次耐心提醒,我們應該向聖靈求助,請祂改變我們的心靈所作的錯誤選擇,而不是請祂改變外在的境遇;因為需要改變的是我們的心靈,而非外面任何一人。上面這幾句課文跟〈正文〉的一段說法完全緊密呼應:

> 你會溫柔地夢見自己的無罪弟兄!他會與你結合於神聖純潔之境。天堂之主會親自進入這個夢喚醒祂的愛子。夢見你弟兄的仁慈吧!不要在夢中計較他的過錯了。只去夢他體貼的一面,別再追究他對你的傷害。寬恕他所有的幻相,感謝他為你帶來的所有益處。不要因為他在你夢中顯得不夠完美而不把他的禮物當一回事。(T-27.VII.15:1~6)

(7:2~3) 我們因上主及與他同等神聖的聖子之名,向他祈求:

> **願我在這人身上看到我的人間救主,祢派遣他來引領我進入他所在的神聖光明中,使我得以與他合一。**

是的,求助的目的無他,僅僅是為了「與他合一」。但嚴格說來,我們並非真的與他合一,因為我們原本就是一體的。只不過,藉著與他結合的一體經驗,必然有助於化解那分化彼此的攻擊之念。也因此,這句禱詞其實是針對自己(也就是抉擇者)而發的——全心祈願自己早日認出聖子的一體真相。不論你是我特殊的愛還是特殊的恨,只要我對你發動攻擊,等於宣稱聖子不只分裂了,而且形成**我**與**你**的對壘。在此同時,聖

子奧體的其他部分全都包含在這個「你」裡面。可以說，上述的一體禱詞完全是針對小我的瘋狂思維而痛下針砭的。

(7:4) 閉上你的肉眼，想一下那帶給你怨尤的人，讓你的心越過怨尤而看到他內在的光明。

這段話當然不是要我們轉變外在的知見，而是課程獨樹一幟的奇蹟性轉變，也就是轉化怨尤為奇蹟的心靈歷程。

(8:1~3) 不論你要求什麼，都不會被拒絕的。你的人間救主一直在等待這一天。他會重獲自由，使你也得享他的自由。

這幾句話可由兩個層次來體會。首先，我們確實需要彼此寬恕，因為這有助於彼此了解我們都曾經作過錯誤的選擇，而現在終於能作出正確選擇了。如其不然，倘若我因著你受困於罪咎而對你大肆攻擊，便無異於助紂為虐，恰恰證明了你聽信小我之言是正確的選擇。反之，不論你怎麼看待我或攻擊我，我都能聽從正念而不加反擊，這樣，就等於向你傳遞另一種訊息：「你內在也有兩種應對的方式。我和你一樣都作過錯誤的選擇，如今，我修正了自己的心念，等於為你示範另一種可能性。」確然如此，這絕對有助於對方作出類似的選擇。可還記得我先前引用的〈教師指南〉那句話，它要我們彼此提醒：

> 他們這樣溫柔地呼喚弟兄遠離死亡之途：「上主之子，請看永恆生命賜給你的禮物吧！你何苦選擇疾病〔或罪咎〕，而不惜放棄這一恩賜？」（M-5.III.2:11~12）

終究說來，「一直在等待這一天」的那位救主，其實就是我自己。因為《課程》的形上理念一再告訴我們，外面沒有別人，眼前的那個人原是自己分裂出去的一部分，也就是自認有罪而有待寬恕的那個我。就這樣，藉著修正自己對這位弟兄的錯誤認知之機會，我們修正了最原始的那個錯誤自我認定。

(8:3~5) 他會重獲自由，使你也得享他的自由。聖靈透過他俯視著你；祂在上主之子內看不到任何分裂。你若透過祂而看，你們兩人都會同獲自由。

奇蹟學員修練到這個階段，很可能還意識不到上述說法絕非一種意境，而是千真萬確的事實。聖靈絕不會把你看成你，我看成我，而是把我們看成上主所愛的一體聖子。我們在祂眼中根本是同一生命，毫無差別，因為我們確實如此。接觸《奇蹟課程》愈久，體驗愈深刻之後，我們對這句話的了解也會更加精深入微，便會明白它真的在說：你我不是分裂的個體，而是更大的一體生命分裂出去的碎片，只因我們原是那唯一且真實的自性。

(8:6~8) 現在，讓自己平靜下來，瞻仰你光輝的人間救主。再深的怨尤也遮蔽不了他的面容了。你終於讓聖靈透過他而完成了上主要祂拯救你的天職。

直到小我特殊性的刺耳噪音平息下來，我們才可能聽到聖靈救贖的溫柔低語。祂在聖子身上只會看到與生俱來的無罪本

質，這一慧見足以取代我們眼中充滿怨尤及敵意的陰森景象。我若能在先前無法去愛的人身上認出他是救主（別忘了，這位救主其實是我自己），整個聖子奧體便會在此一慧見下恢復一體了。

(9) **上主十分感謝你在今天這段寧靜時光中甘心放下自己的形象，去看聖靈在他們身上顯示給你的愛之奇蹟。世界與天堂也同聲向你致謝，上主的每個聖念都在為你的得救而歡躍，因為整個世界都跟你一起得救了。**

　　說到底，我們最該感謝的還是自己，因為我們終於作對了選擇：選擇一體而非分裂，選擇奇蹟而非怨尤，選擇上主而非小我。整個聖子奧體就在這個選擇中獲得了療癒，因為聖子終於憶起自己不曾毀掉一體生命。在那一刻，聖子奧體的祈禱之聲便融入了宇宙的感恩之頌，正如同〈頌禱〉開篇即提到的「愛的祈禱」：

> 祈禱是上主創造聖子之際賜給他的最大祝福。自那一刻起，它就成了造物主與受造物之間互通聲息的唯一聲音；它是聖子獻給天父的頌歌，也是天父還報聖子的感謝。他們永恆不渝的愛和諧地共振，歡悅地共鳴，而且無遠弗屆。上主的造化在此聖愛中不斷地推恩。上主也透過聖子向自己的創造致謝。而聖子藉天父之名繼續創造，並向他的創造獻上感恩之歌。當時間一結束，祂們之間的愛便成了唯一的禱聲，響遍永

恆。這原是時間幻相出現以前的真相。（S-1.in.1）

(10) 在這一天裡，我們要隨時記住這一點，並扛起上主指派給我們的那份任務，不再獨斷獨行。我們若肯讓今天所遇到的每一個人來拯救我們，不再把他的光明藏在我們的怨尤之後，誘惑就慢慢消失了。但願你所遇到的每一個人，不論是偶然想到的，或是過去記憶中的人，都能充當人間救主，如此你方能和他共享同一角色。我們要為你們兩人以及所有視而不見的人這樣祈求：

願奇蹟取代所有的怨尤。

　　這一段仍然在講上主之子的一體生命。只要我們還把聖子奧體視為一群彼此排斥又相互糾纏的個體生命，我們就需要練習把「上主的救恩計畫」套用在每一個人身上，寬恕彼此的特殊關係。於是，每一個人便成了我個人的救主，因為每一個人都給我一個機會，修正自己曾把分裂弄假成真的錯誤選擇。修練到某個程度，我們會逐漸意識到，每一個人其實代表了所有的人；到最後，我們終於悟出**外面根本沒有人**，唯一存在的，唯有自己心內的唯一聖子。既然心靈是一體不分的，這位上主之子必然也存在於所有人心內。這奇蹟式的光明慧見便會頓時撤除怨尤的陰森面紗。〈正文〉「人間救主之慧見」有一段極其動人的描述：

　　正視你在這宇宙扮演的角色吧！上主造化的每一部分

都有聖愛與生命之主所賜的救恩，使他永遠免受地獄之苦。祂賜給每一個人成為救主的恩典，拯救上主特別託付給他的神聖之子。當他開始對待弟兄如同自己，還能進一步把弟兄當作自己的一面明鏡時，表示他已在學習人間救主的功課了。他的自我概念從此被打入冷宮，再無一物阻擋得了他的視線，扭曲他對眼前事物的判斷。就是這一慧見使他看到了基督的聖容，並且了解自己看到的每一張臉都是基督聖容。往昔的黑暗如今充滿了光明，遮住他視線的那層紗幔終於揭開了。（T-31.VII.8）

我們馬上就要進入第七十九及八十課了，這兩課繼續從不同的角度及形式切入同一個救恩理念。這首「寬恕」交響樂為我們譜出無數的變奏曲，實在美不勝收！

第七十九課

願我認出問題，以便對症下藥

　　接下來兩課的主旨是：縱然全世界都告訴你「人間問題層出不窮」，其實，真正的問題只有一個，就是人心中根深柢固的信念——我們已經與上主分裂，此後只能自力更生了。現在，容我重述一下前文已經解釋過的論點：小我緊抓著那個分裂之念，企圖說服我們相信「分裂並非發生於心靈，而是在世界」，於是它將這一念分化為百千億個問題，要求百千億種解答。每一個問題不只亟需關注，還得分別考量，單獨處理。下文會幫我們看出，我們早已被層出不窮的難題搞得焦頭爛額了，只因我們不知真正的問題始終埋在心底，它才會不斷捲土重來，令我們應接不暇，簡直束手無策，誠如下文所言：

(1:1) 你若不知道問題之所在，就無法對症下藥。

　　這句話也可以說成「問題究竟是什麼(what)」，以及「問

題出在哪裡(where)」，兩者是同樣的意思。問題發生**之處**，即在於心靈；問題**本身**，即是我們決定分裂的那一個選擇。請謹記於心，小我編出整套分裂思想體系，又精心打造一個四分五裂的大千世界，最終的目的，就是不讓我們意識到問題究竟是**什麼**？問題究竟出在**哪裡**？可還記得，「目的代表一切」，這句話不論強調多少次都不為過。既然小我打造世界的目的就是要掩飾真正的問題，那麼化解小我的唯一途徑，就是靠我們改變小我賦予世界的目的，不再掩飾問題，以聖靈的目的取而代之，進而揭發問題的真相，如此，問題才有化解的可能。故本課標題開宗明義就說：「願我認出問題，以便對症下藥。」

(1:2~4) 縱然問題已經解決了，你的問題還在，因為你不會認出它已經解決了。這就是當今世界的處境。它真正的問題只有一個，就是分裂，而這問題早已解決了。

　　既然聖靈代表了我們對上主的記憶，而且隨著我們一起進入夢境，這記憶成了人間夢境與聖愛實相之間的連結，表示我們其實不曾真正分開過。耶穌在〈正文〉中直稱聖靈為「與真理連結」（T-25.I）。記憶有連結的作用，譬如說，當我想起去世的親人時，會感覺到他的臨在，這就是記憶具有連結過去與現在經驗的功能。《奇蹟課程》所描述的聖靈，負有同樣的記憶功能，但祂絕不會讓我們再陷入過去的泥沼（T-28.I）。祂在妄念體系形成的虛妄過去以及天堂實相之間，為我們架起了一座橋樑。為此之故，天人分裂的問題早已解決了，耶穌才會說

出「世界早已過去」這樣的話（T-28.I.1:6）。問題是，我們仍執意活在世界所遺留的幻影裡，視它為真實，因此進入夢境的聖靈有如「夢境已逝」的一記醒鐘；聖靈的臨在即是一切問題的解答。

(1:5) 除非先認清問題之所在，否則你無從認出解決方案。

　　言下之意，如果我們誤解了《課程》的奇蹟真義，表示我們根本不想看清分裂問題的真相，而使得問題永遠不得解決。只要我們還以為奇蹟是針對某個外在的問題，便無異於聲明：「問題確實發生在外面，自然只能向外尋求上主的解答。」在這種狀況下，我們絕不會認為自己屬於上主圓滿而一體的生命，只好認同小我所投射的形相世界。如此一來，我們豈有機會正視問題的真正起因——心靈的一個錯誤決定而已？那麼，即使答案現前，我們也不可能認出它的。

(2:1~2) 世上每個人似乎各有自己的特殊問題。其實全是同一回事；你必須先認出它們全是同一個問題，才可能得到解決所有問題的同一答覆。

　　第七十九和八十課說得不能再清楚了，言簡意賅地道出整部課程的精華，這兩課等於是《奇蹟課程》開篇第一句話「**奇蹟沒有難易之分**」的變奏曲。也許有些人不知道海倫的手稿原本並沒有目前的「導言」，全書一開始就是這句石破天驚之

言,「**奇蹟沒有難易之分**」〔原註〕,耶穌開門見山就把整部課程的主旨一語托出,隨後的課文可說都是這一句話的演繹而已,尤其是〈練習手冊〉這兩課,特別為我們解說了奇蹟之所以沒有難易之分,原因即在於「問題只有一個」。比爾‧賽佛也常說,第一條奇蹟原則可以改寫為「**解決問題,沒有難易之分**」,只因解決之道唯有奇蹟。但奇蹟要解決的不是外在的問題,奇蹟只會把問題帶回心靈;只要進入那一層次,我們便會看到「**一個**問題,**一個**答案」。

(2:3~4) **如果有人把問題搞錯了,怎麼可能看出那問題其實已經解決了?即使別人已經答覆了他,他仍看不出這跟他的問題有何關係。**

　　至此,我們大概已能接受「答案早已給了我們」這一說法;「答案」無他,就是聖靈,就是耶穌,就是這部課程真實不虛的教誨。問題是,我們卻絲毫看不出這個答案跟自己的問題到底有何關聯。我們希望在寬恕別人之後,自己會變得更快樂、更健康或更富裕一點,使噩夢轉為美夢,但所有這些的期待都離不開身體,難怪我們意識不到奇蹟教誨究竟跟自己的問題有什麼直接的關聯。不僅如此,我們至今仍然無法全面接受自己還有一顆心靈。說實在的,我們**只有**一顆心靈。身體不過是心靈投射的倒影而已,因此,一切關於身體的問題根本稱不

〔原註〕有關《奇蹟課程》筆錄過程中最早那幾週的描述,請參閱《暫別永福》(暫譯)第七章。

上是真正的問題。

　　《奇蹟課程》之所以難以發揮它的功效，完全是因為學員無法將它套用在生活上，沒有聽從耶穌之言，把問題帶回心靈層次；無怪乎答案早已放在我們眼前，我們卻一味抵制到底。下面這段話是耶穌勸誡海倫，勿忘他通傳這部課程的目的，就是希望她能意識到自己的心靈既然有能力選擇小我，自然就有能力選擇聖靈：

> 如果我在你的想法及其後果之間插手干預，等於干犯了世間最基本的因果律，也就是最基本的自然法則。如果我藐視你思想的力量，對你沒有一點兒好處。這也與本課程的宗旨背道而馳。最好的辦法還是提醒你，你對自己的心念防範得不夠周密。（T-2. VII.1:4~7）

　　我們之所以存心低估心念的力量，推究其因，仍是由於我們不想放棄自己的個體性或特殊性。在概念上，我們也許還能接受「我不是一具身體」，但這並不表示我已經甘心放棄自己這一個體的特殊性。打個比方，我們可能不在乎一死，但我的個人特質卻死不了。為此，死不足惜，但絕不可輕言放棄我的特殊性，因它鞏固了我的個體價值。這種自我感雖然源自心靈，且常駐其中，卻因小我殘酷的「去心」大計，讓我們無法回歸自我的源頭（心靈）而化解小我整套的思想體系。

　　總而言之，只要我們還聽從小我的思維，《奇蹟課程》便愛莫能助，因為我們看不出它跟現實生活有何關聯。如果我們誤以為這部課程是來解決心靈之外一個根本不存在的問題，把寬恕的答案套用在錯誤的問題上，結局必定是緣木求魚。真正的答案始終存於心內，故耶穌和這部課程的目的只有一個，就是把我們帶回「修正」所在之處，即我們正念中的聖靈之家。

(3:1~2) 你目前的處境就是這樣。你已經得到了答覆，卻不確定問題究竟出在哪裡。

　　奇蹟學員如果夠誠實，大概都會承認內心有一部分不全然相信耶穌所說的這一番話。在理性上，我們也許還能接受，但內心總有一部分不甘放棄「我知道真相」或「我是對的」這類想法。這種抗拒心態透露出自己依舊認定問題並非出於自己心裡想要活得與眾不同的那個決定，難怪我們始終看不出耶穌的答覆和自己的現實問題有何關係。

(3:3~5) 你好似終日面對各式各樣的問題；解決了一個，下一個又來了。簡直沒完沒了。沒有一刻容你高枕無憂。

　　我敢說，世上恐怕沒有一個人不認同這一番話。每個人都有數之不盡的生存問題，以生理需求為例，我們餓了就得吃，但這無法保證幾小時後我們不會再餓；我們深深吸入一口氣，不消說，幾秒鐘之後就不得不再吸氣；我們生病求醫，就算一時痊癒了，心裡卻有數，自己遲早還會生病的，乃至於最後終

究難逃一死。這種生存層面的實例，簡直俯拾皆是。

不僅如此，我們還有數不盡的心理需求：你今天愛我，明天還愛我嗎？這次考試得了 A，下次呢？這回升了官，也加了薪，但誰能保證這是鐵飯碗？總之，即使目前情況大好，誰敢擔保未來又會如何。

只要提昇到小我戰場之上，好好審視小我賦予身體與世界的目的，我們立即了然於心，小我打造這種身體，目的無非在製造解決不完的問題，不論生理或心理的，每個問題都亟待解決，讓我們根本無暇顧及心靈。可以說，小我這一招實在太厲害也太高明了，只因心靈才是**唯一**問題的根源，也是**唯一**導向平安的解決方案所在之處。

(4:1) 你故意把它變成很多的問題，存心不去面對分裂的問題。

這又是一句極其關鍵的教誨，「存心不去面對分裂的問題」。只因我們存心不想招惹我這「個體生命」，這下子，大快小我之心，滿全了它想要保住個體性與特殊性的大願。既然問題只有一個，就是相信自己是個體生命，而如果我們根本不想解決這個問題，最好的抵制方式，莫過於打造出無量無邊的問題來混淆視聽，遮蔽眼目。前文已經解釋過，問題之所以五花八門，背後真正要表達的不過是內心最根本的怨尤，也就是第七十一課的這一句話：「如果事情不是這樣，我就沒問題了。」（W-71.2:4）

(4:2~3) 外表看來，世界呈現給你一堆問題，每一個都需要不同的答覆。這種知見使你無法對症下藥，失敗乃是意料中的事。

　　冥冥之中，我們所有人都有「最終必將功虧一簣」的隱憂。這個世界的原始設定就是要我們註定失敗，才會慫恿我們向心外尋找失敗之因，一生都在努力解決一個個根本解決不了的問題。這種人生真的令人欲振乏力，讓我們想起〈正文〉所描述「去找，但不要找到」的小我陰謀。

> 因此，小我致力追尋的目標註定會失敗。只因它要你相信它才是真實的你，因此，它領你踏上的旅程必會害你咎由自取。……別再試著教自己所不了解的事了，也別再為自己學得一敗塗地的課程設定目標了！你學習的目的始終是「不要真正學會」，這顯然無助於你的學習成效。你尚未學會之事自然無法舉一反三，也無法普遍運用到生活層面，這是你最大的學習關卡。……我曾說過，小我的原則是「去找，但不要找到」。若把它轉譯到教學原則上，即是「去學，但不要真正學會」。以此為學習目標的課程，其結果可想而知。……如果你企圖去學「怎樣才學不會」，那麼你的教學結果不只註定失敗，還會令你陷入更深的迷惘，這是意料中的事。（T-12.IV.2:1~2; T-12.V.6:2~4; 7:1~3,5）

(5) 沒有人能解決世間呈現的所有問題。它們似乎各屬不同層次，各具不同形式，連內涵也大不相同，令你束手無策。面對它們，只會令你煩惱沮喪。每當你自以為解決了一個問題，不知從哪兒又冒出了另一個問題。還有一些被你否定而不得其解的心結，隨時都會陰魂不散地伺機偷襲你，攪擾一番後又藏匿起來，始終不得解決。

　　這段話正是世界最恰當的寫照，堪稱為活生生的浮世繪。身為奇蹟學員的我們一定深感納悶而不免自問：「讀到這類描述時，明知此言不虛，但為何我們依舊堅持自己原有的那套人生觀絕對正確無誤？」接著，我們往往會說：「事情哪有這麼簡單！我之所以生氣，一定是別人說了什麼，或外在某個事件，或因我的童年創傷，要不然就是自己這不堪一擊的身體；反正原因絕對不可能是我存心推開耶穌的愛，或選擇個體生命來取代上主那一回事。」不論我們會找到多少藉口，都請記得，能夠多快覺察到自己又掉入小我這類的思維，正是衡量我們進步多少的一個指標。

　　在此同時，我們若能退後一步，客觀地正視世界和身體的本質，便會恍然大悟，這種人生怎能不令人沮喪！就算現在的日子還堪稱順心，但最終仍難逃一死。一生都在解決問題，忙著在小我為我們設下的天羅地網奮力過關斬將，最後註定功虧一簣，還有什麼比這更令人洩氣的事！

(6) 其間的錯綜複雜，皆源於你拼命不想認出問題所在，也無意真正解決它。你若能認清自己的唯一問題不過是分裂，那麼，不論它化身為何種形式，你都會接受那解決方案的，因為你會看出其間的關聯。一旦看出你所面對的一切問題的內在共通性，你就會了解自己已經擁有一勞永逸的解決方案了。你會善用這一工具的，因為你已認出問題之所在。

　　由衷而言，我們實在應該具具體體將這些觀念套用在日常生活每一個思維和行為之中。分裂絕不是一個抽象的問題，它藏身在我們企圖跟聖靈劃清界線的私願裡頭。是的，問題就在於分裂！試著把這個原則套用在最切身的事件上，比如說，一早醒來若感到不舒服，這是因為自己又將愛推走了，**這就是分裂**。我們必須非常清楚這是自己的責任，但不要責怪自己，因為只有在「不判斷」的心態下，我們才可能接收到答覆，從而體悟出奇蹟第一原則「奇蹟沒有難易之分」的深意（T-1.I.1:1）。既然所有問題都源於同一個分裂，那麼，每個問題的解決方案也不離同一個救贖。千真萬確，一個問題，一個解答，就這麼簡單！

　　話說回來，如果我們心中經常充滿罪咎、判斷與埋怨，是不可能接收到答案的。唯有切身體會**自己**並非罪孽深重，只因害怕而把愛推出去，我們才會聽到聖靈的答覆。只要選擇耶穌的寬恕，接受他溫柔的愛，我們保證會感到自己真的沒犯下什麼大錯，只不過把自己折磨得半死而已。

　　再叮嚀一次，當我們讀到本課，開始作練習時，愈是具體，愈能看出日常生活每一件尋常事物都跟自己的得救及平安密不可分，如此，學習與操練的動力便會愈來愈強烈。

(7,8:1) 在今天的「長式」練習中，我們將要請益的乃是問題的真相以及它的答案。我們不再假裝自己知道。我們將試著放下心目中認定的種種問題。設法讓自己明白，真正的問題只有一個，只是我們一直認不出來而已。我們將請教問題之所在，然後靜候答覆。我們會聽到答覆的。然後再進一步請教解決的方法。我們也會聽到答覆的。

今天的練習會成功到什麼程度，得視你不再堅持自行界定問題到何種程度。

　　只要我們還認為自己知道問題是**什麼**以及它源自**何處**，是不可能真心尋求解決之道的。這種傲慢心態正是學習本課程的最大障礙。我們必須回到心靈作選擇的那個節骨眼上，看清自己如何一而再、再而三地選擇和上主分裂。如果看不到這點，不論我們呼求的是上主、耶穌、聖靈或任何神明，都不會感受到一體之愛的，只因我們深信自己一旦融入那種愛，這個特殊的自己便無立足之地了。這個威脅實在太大了，這才是問題的癥結。自認為知道自己的問題是什麼，背後的目的就是確保自己永遠看不懂答案。可還記得前文提到〈練習手冊〉第二十八課的這一段話：

> 你通常不會反問自己已經界定明確的東西。而這些練
> 習的目的乃是提出問題，且接受答案。（W-28.4:1~2）

這幾課不斷向我們耳提面命：若真想學習本課程，就得培
養謙虛心態，才可能解除小我的傲慢。在後文中，耶穌還會不
斷拉回「謙虛」這個話題。

容我再重申一下前面所說的，縱然我們可能讀懂了，也相
信了課文的理念，但每每一轉頭就再度掉入小我的思維，這
時，請記得反觀自己是多快偏離這些信念的。別忘了，我們這
個由生理與心理所架構成的存在形式，都是為了證明「這不是
我的責任」以及「問題都出在身體而非心靈」而打造出來的。
也因此，務必提高警覺，留意自己多快就身不由己落回小我的
「去心」陷阱。

**(8:2~3) 你也許還無法放下先入為主的所有成見，其實也無此
必要。只要你對自己所認定的問題真相開始存疑，也就夠了。**

這幾句話和我們所熟悉的「小小的願心」（T-18.IV）可謂
相映成趣。簡單的說，它只有一個要求，就是每當我們十分肯
定自己知道問題的原委時（不論是自己或他人的問題），不妨
試著反問自己：「這個判斷真的可靠嗎？」此外，我們無需多
做什麼。我們早已明白，**做得愈多**，可能適得其反，只會加深
自己篡奪主權的那個原始罪咎。

(8:4) 認清問題的真相，表示你願意看到自己已有答案；如此，問題與答案才可能碰頭，你可以安心了。

　　正因問題發生在我們心內，解答當然也只可能出現在心裡。小我卻狡猾地把問題由心靈（亦即答案所在之處）移出而投射到外界，形成了世界；如此，我們便能理直氣壯地說：「世界充滿了問題，而且全發生在**心靈之外**。」由此可知，奇蹟的任務不過是把問題帶回答案所在之處，這就跟「將幻境的黑暗帶到真理的光明前」的寬恕過程可說是異曲同工。現在，我引用一段〈詞彙解析〉的話，它言簡意賅又生動美妙地為我們道出寬恕的整個過程：

　　正見帶給人的正是這一轉變：過去被投射於外的，如今他都由內看清了，而寬恕就在那兒消除了它的蹤影。他在那兒築起了一座獻給上主之子的祭壇，他會在那兒憶起自己的天父。在這兒，一切幻相都被帶到真相前，安置於祭壇之上。凡是從外面所看到的問題，寬恕對它愛莫能助，因為它們看起來永遠都是罪不可赦。凡是從外面看到的罪，你對它一定束手無策。有什麼妙方解除得了人的內疚？但你若願往自己的心念看去，罪咎與寬恕便在那一刻碰頭了，齊身並列於祭壇之上。疾病與它的唯一解藥終於結合於同一個療癒的光明中。上主會來認領屬於祂的人。寬恕才算功德圓滿。（C-4.6）

(9) 今天的「短式」練習不特別安排時間，隨時需要則隨時加以運用。你今天會遇到許多的問題，每一個問題都有待解決。我們將試著認清問題只有一個，答案也只有一個。所有的問題就在這一認知下解決了。這一認知會帶給你真正的平安。

　　請留意，操練的提示改變了。耶穌要我們今天自行安排時間表，**自己決定**何時是操練的最佳時刻。他假定我們已經能體會出什麼是自己的真實福祉。經過〈練習手冊〉兩個月的操練，多多少少也明白了「**奇蹟沒有難易之分**」的道理，深曉問題的**形式**縱然變化萬千，它們表達的**內涵**卻始終如一。說到究竟，只有一個問題以及一個答案。為此，即使今天心生不悅，也知道答案就在身邊（奇蹟），不論哪一種憤怒，解決辦法都只有一個，就是要選對老師。問題既然是「我們老是選擇小我和分裂」，那麼，答案自然是「重新選擇聖靈以及祂的救贖」。

(10) 今天，不要再被問題的表相所蒙蔽了。一遇到困難，立刻告訴自己：

　　　　　　願我認出問題，以便對症下藥。

然後試著放下自己對這問題的一切評判。若環境允許，閉上眼睛片刻，探問一下問題的真相。上主不只會俯聽你，祂會答覆你的。

　　最後一段再度重申了：我們的眼光需要越過問題的表相，才可能認清所有的問題原是同一回事。至此，《奇蹟課程》與

耶穌教誨的「單純性」完全躍然紙上。外表上我們每天得面對形形色色的問題，但最終的問題只有一個：「我們依舊相信自己的想法才是對的，耶穌的說法是錯的；換句話說：分裂才是事實，一體純屬虛幻。」如今，我們終於能夠開心地向耶穌說：「謝天謝地，是我搞錯了！所有的判斷都是基於幻相，此刻我們終於能夠向你求教，接受聖靈的真實判斷了。」是的，只有這一轉變，才能帶來真正的平安。

　　第八十課繼續發揮「一個問題，一個解答」的主題曲。

第八十課

願我認清自己的問題已經解決了

　　本課進一步發揮第七十九課「認出問題」之闡述，切入得更加精到而具體。

(1:1) 只要你真心願意認清問題的真相，便會認清自己根本就沒有問題。

　　認清「自己的問題已經解決」，表示我已然明白，問題不分大小，不拘種類，臨在我心內的聖靈早已給了我最終的解答。祂的答覆既然已在我的心內，表示問題早已不復存在。可還記得先前的一段引言，明確地指出，奇蹟的功能不過是幫我們看出「我們根本沒有問題」：

> 奇蹟本身一無所作，它只有化解的功能，旨在消除過去一切妄作對你造成的干擾。它不增添任何東西，只有解除的作用。而它所解除之物，其實早已不存在，

唯有在你的記憶中，好似仍然操控著你。這個世界早已過去了。構成這個世界的念頭，雖一度被心靈想過，也珍惜過，如今已不復存於心中。奇蹟不過讓你看到，過去的終於過去了；既然已經過去，對你便無任何作用。（T-28.I.1:1~8）

為此，我們的問題早已過去了，只要放得下小我的怨尤而選擇聖靈的奇蹟，便不難領悟上述的真理。

(1:2~7) 你的根本問題既已得到答覆，其他問題便不存在了。你的心便這樣安定下來了。由此可知，得救的基本條件在於你先認出這唯一的問題，而且明白它已經解決了。一個問題，一種解決。救恩便完成了。你也由衝突中解脫了。

小我對付聖靈的手段不外乎衝突鬥爭：「我知道自己犯了褻瀆上主之罪，但懲罰我的上主也難辭其咎！」我們便這樣陷入了永遠的戰爭。這種「痛下殺手或坐以待斃」（kill or be killed）的爭鬥心態一旦投射於外，自然會讓我感受到世間每一個人都在跟我作對。尤有甚者，這種**勢不兩立**的處世原則，不只令我與人對立，還會進一步想要壓倒對方，從此以後，永遠擺脫不了衝突的壓力。我們若真想從中解脫，唯有接受救贖答覆，相信愛不曾離開我們一步。既然愛永遠與我們同在，分裂、罪惡或衝突斷無立足之地。在所有解答中，只有這個救贖方案具有實效，因為它能徹底將我們從分裂及仇恨的妄見中拯救出來。

(1:8) 你若能接受這一事實，表示你已準備好接受你在上主救恩計畫中的角色。

接受寬恕的任務，才是我們天經地義的角色，而這和任何外在行為絲毫無關。換句話說，我在救贖計畫中的角色和所有的人一樣，唯獨寬恕而已。為此，認清問題只有一個（就是分裂信念和個別利益），答覆也只有一個（就是接納救贖），乃是世人一致的任務，表示我們終於能夠在夢境裡認出人類的共同福祉了。

(2:1~2) 你唯一的問題已經解決了！今天應滿懷信心與感恩，再三提醒自己這個事實。

我已解釋過，耶穌並不希望我們把這句話當作肯定語或咒語反覆誦念，他只期待我們在開始不安或生氣之際記得用這句話反問自己：「問題既然解決了，為何我還會生氣？」然後承認自己的不安背後真正的動機：「原來我是想把那個答案推走，否則我的特殊性便難以保存了，因此，我寧可生氣，也要證明自己是對的，耶穌錯了；受盡凌虐的明明是我的身體，我哪有什麼心靈！」如此坦然承認自己的動機，可以幫助我們看清問題的本質，同時也看穿它的陰謀，心目中原有的問題便會在我們眼前慢慢消退，最後隱沒於它所來自的虛無（M-13.1:2）。

(2:3~5) 你已經認清了自己的唯一問題，這等於為聖靈大開方

便之門，接受祂為你帶來的上主答覆。你已放下自欺，看見了真理之光。只要能把問題帶到答案之前，你就會領受到自己的救恩的。

　　一旦認清了問題，無異於為聖靈開啟一扇門，上主的答覆便會流入心中；言下之意，就是承認自己原有的看法或想法全都錯了。在幻境裡，就算肉眼所見是真的，並不保證小我的反應就是對的。既然我的反應方式才是問題的關鍵，那麼肉眼所見究竟是真是假，又有何區別？我究竟願意接受小我還是聖靈的詮釋，才是關鍵所在。也因此，一旦選擇了小我，問題便尾隨而至；反之，我若承認自己錯了，表示我認清了問題不在外面而在自己心內，這正意味著我開始將問題帶回答案所在之處，也就是把小我的騙局帶入聖靈的真理之中。

(2:6) 問題既已釐清，你自然認得出答案。

　　練習的關鍵不在於標準答案，而在於看清「問題**是什麼**，以及問題**出在何處**」的這個心理過程。一言以蔽之，問題就在於我下了這樣的決定：我為了保住個人的特殊性、不得不堅持自己作了正確的選擇、因而不惜驅逐上主的聖愛。這就是問題所在。一旦看清了問題，也不再批判自己，表示我已經準備好接受答案了。要知道，療癒的發生，並不是靠著附和聖靈的答案，而是**認出問題的真相**。因此，只要無咎無懼地正視問題，等於化解了小我，救贖的答案便會由我們的覺識中冉冉升起。請記住，我們的任務不是選擇真理，而是選擇「否定（我們）

對真理的否定」（T-12.II.1:5）。〈正文〉還有一段話同樣令人
震聾發聵，足以一舉解除人間所有的苦難：

> 現在，你已看到了，〔從苦難中〕你是有路可退的。
> 你只需面對問題的真相，不再去看你希望它成為的
> 樣子。你不需要其他的解決辦法，問題本來很簡單，
> 只因你不想解決，才把它搞得如此曖昧複雜。撤除了
> 重重煙幕之後，問題就會呈現出它原始的單純。這選
> 擇一點也不難，只要你看清問題，便會發覺其間的荒
> 謬。任何人只要認出那問題對自己有害而且不難解
> 決，這麼簡單的事怎麼會下不了決心？（T-27.VII.2）

「面對問題的真相」，就是要我們正視心內那個錯誤的決
定，如此，我們才有修正的機會。這一個單純的舉動，足以摧
毀小我在我們心念中打造的防衛機制，整個罪咎世界便會隨之
瓦解。

**(3:1~2) 今天你有權利活得心安理得。問題既已解決，它再也
無法騷擾到你了。**

為此之故，如果我們還在為某事煩惱，必然是咎由自取，
因為答案早就在自己的心裡了。試問，已然不存在之物或早已
解決的問題，怎麼可能騷擾到自己？光是這個反問，就足以當
下斬斷小我一切的藉口。每當我們振振有辭指責自己或他人之
時，請記得，那是一個不存在的問題，而自己正在為子虛烏有

之事發怒。有了這番的醒悟，我們自然無法為自己的情緒反彈而自圓其說了。

(3:3~6) **你只需牢記這一點：所有的問題都是同一回事。只要記住這一點，你就不會被形形色色的表面問題所蒙蔽。同一個問題，同一種解決辦法。接受這個單純的真理所帶來的平安吧！**

耶穌如此反覆叮嚀，就是希望我們每次快要忘記「一個問題，一個解答」這個單純的真理時，立即複誦一遍今天的觀念，並且決心不再受表相知見所蒙蔽了。

(4:1~2) **今天在「長式」練習中，我們要領回那原屬我們的平安，因為問題與答案已經交會了。問題必會消失，因為上主的答覆是不可能無效的。**

所以說，如果我們還在為某事某人煩惱，表示自己存心和耶穌唱反調，因為他一直在說：「沒問題的，那是上主的答覆，絕對萬無一失。」但我們必會如此駁斥：「暫且打住，讓我告訴你，你是如何辜負了我的期待。張開眼睛吧！看看我這麼煎熬，病得多重，這些問題難不成是假的嗎！」如此一來，問題與答案不得碰頭，我們的痛苦真的再也無解了。不幸的是，為了證明自己是「對的」，耶穌是「錯的」，不論多麼瘋狂，我們依舊樂於付出慘痛的代價。

(4:3~6) **只要認清了一個，你便會認出另一個。解決辦法就在**

問題裡面。你不只得到了答覆，而且接納了答覆。你已經得救了。

　　問題與答案其實同在一處，解答就藏在問題裡，因為問題根本不曾發生，這就是最終的答覆！請記住救贖的原則——分裂根本是子虛烏有之事，不僅如此，分裂信念和它的修正既然都在心內（因為真正存在的唯獨心靈而已），那麼，小我的「去心」計畫便當下瓦解了。這就是最後的答覆。

(5) 此刻，願你的接納帶給你平安。閉起你的眼睛，接受你的賞報吧！認清你的問題已經解決了。認清你再也沒有衝突，你能活得自由自在而且心安理得。最重要的就是記住：你只有一個問題，而這問題只有一種解決辦法。救恩的單純性即在於此。救恩的有效性也在於此。

　　平安是個「賞報」，它正是我們甘願放下問題而選擇答覆的最大誘因。如今，我們終於承認問題只會導致痛苦，唯有那個答覆才能帶來平安。就這麼簡單！而我們知道這必然是真的，因為只有真理才會如此單純。

(6:1~3) 今天隨時提醒自己，你的問題已經解決了。堅信不疑地複誦這一觀念，多多益善。一有狀況發生，切莫忘記套用今天的觀念。

　　耶穌再次懇切敦促我們，把今天的觀念具體套用在任何令自己煩心的事上。只要意識到自己這麼快就忘掉他的教誨時，

記得寬恕自己的遺忘，寬恕自己又在為充滿怨恨與批判的小我煽風點火了。覺察自己快要生氣之際，也請盡快打住，並且提醒自己：「這問題早已解決了，我若如此冥頑不靈，堅稱自己所見正確無誤，生氣有理，我的矛頭其實是指向耶穌，抗議他又錯了。」這種時候，我們要趕緊對自己說：

(6:5) 願我認清自己的問題已經解決了。

　　如此，平安就會歡喜地回歸我們心中。

(7) 今天，讓我們下定決心，不再去累積任何怨尤。讓我們下定決心，由那些根本就不存在的問題中脫身。方法很簡單，就是誠實。別再自我蒙蔽問題的真相吧！你必會認出你的問題其實已經解決了。

　　可以說，怨尤本身等於聲明：「我是對的，耶穌錯了；問題真的發生在外面，只要看看這些混蛋是怎麼對待我的！」正因如此，耶穌才會再三叮囑我們務必誠實，它是所有練習的關鍵；誠實地往內看，不只明白一切都是自己的傑作，而且知道自己打造這些問題的動機不過是為了保全一個與眾不同的自己。唯有這番領悟，方能幫助我們順利度過這個關卡。這段所說的「簡單」跟「誠實」，就是指這一領悟，明白外在任何的騷擾都是我們自己的投射，目的就是想掩藏答案。因為答案一出現，自己獨特的個別身分只好悄然隱退。為了保護自己，不能不堅持眼前的問題證據確鑿，如此才能為自己的困境而

歸咎天下之人，猶如李爾王最後的領會：「沒有比這更瘋狂的了！」綜結來說，〈練習手冊〉這幾課的用意，無非是想幫助我們了解：保持神智清明是我們唯一的選擇，因為只有清明的選擇能帶來平安與喜樂，也是我們應得的賞報。是的，我們今天就要「誠實」地作出「簡單」的選擇，也就是那個**獨一無二**的清明選擇。

複習二

導　言

　　一般而言，「複習」是老師在課堂上極為重要的教學手法，〈練習手冊〉這些複習獨樹一格，不只囊括了前面數十課的要旨，還繼續推陳出新，我們馬上就會見識到了。複習的「導言」一向負有提綱挈領的重任，複習二也不例外。

(1:1~2:1) 現在我們可以開始下一輪複習了。這個複習延續前一輪複習的形式，每天操練兩個觀念。前半天專心練習一個觀念，後半天則操練另一個。每一個觀念，我們都要作一次「長式」練習以及許多「短式」練習。

「長式」練習採用的格式大致如下：一次練習預計十五分鐘左右，開始時，先思考一下當天的觀念，隨後的解說也屬於今天的練習範圍。

　　請留意一下，耶穌開始要求我們依循規矩來作練習。我們最初練習得相當隨意，一路走來，也愈來愈能覺察到自己的抗

拒心態。但小我唯恐我們按部就班練出心得，於是在我們心內醞釀了兩種抵制反應。第一種抵制手法是最常見的「遺忘」：每到指定的練習時刻，我們經常忘得一乾二淨。第二種抵制手法比較隱晦，卻是小我防衛伎倆最厲害的一招——特殊的愛：我們不僅不逃避，反而迫不及待等著練習時段的來臨。只因它那近乎儀式的形式，給了小我一個避風港，恰好用來逃避現實生活中的大風大浪，它一旦成為日常的例行公事，便沒有必要將這些觀念運用在生活的種種挑戰了。

(2:2) 先花三、四分鐘的時間慢慢地閱讀，若想多讀幾遍也無妨，然後閉起眼睛聆聽。

　　這篇導言的一大主題，也是之前二十課的中心思想：救贖的真相早已臨在我們心內了，我們卻刻意遮掩這一真相。對此，雖然這篇導言並未深入探究背後的隱衷，但我們早已從前面的課文及〈正文〉的講解中明白了，救贖真相一旦現前，我們的個體身分便消失，而為了保護這個自我不受上主聖愛的威脅，我們附和了小我的防衛機制，正如下段所言：

　　你為自己建立了一個神智不清的信仰體系，因你擔心自己在上主面前毫無招架之力，你想要逃避祂的愛，因為你認定愛會將你碾為虛無。你害怕那愛會使你失去自我，變得渺小卑微，因為你相信只有抗衡才能壯大你的聲勢，只有攻擊才會顯示你的偉大。你認定上主企圖毀掉你所打造的世界；你若愛祂（而你分明如

此），無異於放棄自己的世界（你確實會如此）。於是，你只好利用這世界來覆蓋你的愛；其實你愈深入小我的黑暗巢穴，離它所隱藏的愛反倒更近了。**這才是最讓你害怕的事。**（T-13.III.4）

那個驚惶恐懼的「你」，顯然是指與小我分裂思想體系認同的那一部分心靈。防衛機制的第一道陣線就是「自己罪不可赦」的信念，這令我們不得不相信心靈實在是個凶險之地；為了逃離險境，我們把這個「自己」投射出去，打造了一個大千世界，以及寄身於一具肉體的個體身分或自我意識。此計得逞之後，我們便親眼看到，所有的罪與咎都跑到外邊去了，自己身上不留一絲痕跡。如此，我們才能理直氣壯抓著怨尤及判斷不放。不論是我攻擊你或你攻擊我，這活生生的事實證明了分裂是千真萬確的，你我不僅分裂，而且還大不相同。說得更露骨一點，是因為**你**犯了罪我才發動攻擊的，所以我的憤怒乃是天經地義的。

就這樣，我們將內在的真理之聲封口消音了，把它覆蓋在自己罪孽深重的信念之下，還不惜發明否認與投射的伎倆，讓自己深信不疑，一切都是別人的罪過。這二十課（甚至是整部課程）的首要目標，就是要我們看清自己幹的好事，而且明白背後的動機，再進一步認出，這種防衛伎倆對我們其實一點好處都沒有，因為它們不曾帶來任何幸福。只要我們甘願放棄這個防衛機制，甘願放掉這種害怕失落「特殊之我」的恐懼，我

們必會聽到一直在我們心內呼喚的真理之聲；它就是救贖原則那首天音的迴響。

這就是本篇導言的要旨，耶穌勸勉我們看穿防衛機制的假相，鼓勵我們發揮心靈的力量，重新選擇。我們當初聽信小我有關罪咎、上主義怒，以及世界是避風港等等一堆謊言而決定離開天堂，憑靠的就是這一心靈能力；此後，我們理直氣壯地向外發動攻擊，任憑小我的謊言繼續坐大，仗恃的也是這一心靈能力。而今，耶穌在這兒設法喚醒的，正是這個能力，希望我們的心靈盡快恢復清明，放下小我之恨，重新選擇他的愛。

(3:1) 你若發現自己分心了，不妨再回到練習的第一部分，設法把練習的重心放在寧靜而專心的聆聽上。

老實說，心靈不會無緣無故分心的，那根本是我們的選擇。分心的目的所在，究竟說來，是心靈企圖躲避自己而逃到世界去的，這樣，我們就無需面對自我定罪的那個決定，而把焦點轉移到別人的罪咎上頭。對此，耶穌當年告誡海倫（及我們所有人），不要縱容自己的雜念：

> 你過於放縱自己雜念紛飛，任憑心靈妄自造作。
> （T-2.VI.4:6）

「妄自造作」，指的就是我們的投射。當我們想要操練、冥想或祈禱時，那些投射就會化身為種種莫名其妙的念頭，令自己分心走意。切記，這些念頭絕不是不請自來的。我們之所

以招引它們，任其興風作浪，就是存心對愛設防，保持距離。

(3:1~4) ……設法把練習的重心放在寧靜而專心的聆聽上。因為有個訊息等著傳達給你。你要相信自己會接收到它。請記住這一點：它原是屬於你的，也正是你想要的。

最後這幾個字「你想要的」正是關鍵所在——我們必須真心想要聽到這個訊息才行。不幸的是，當我們仍是同一聖子之初，已經選擇了**不聽**那救贖之音（即分裂不曾發生過），因為一旦聽信它，等於敲響了特殊之我的喪鐘，小我怎麼可能想聽到自己的噩耗呢？正因如此，這種抵制心態充斥在我們日常生活的一舉一動。別忘了，線性時間純屬幻相，所有事情都是同步發生的。為此之故，我們亟需看清自己過去聽信的那一套從來不曾帶來任何快樂；唯有如此，我們才可能轉變心意，聆聽心內能真正帶來幸福的另一訊息，那就是「上主的天音始終臨在」，即使我們分心走意，祂的聖愛仍然駐守心中。難怪耶穌如此反覆再三叮嚀，務必隨時警覺自己究竟選擇了聽從哪一種訊息。

(4:1~2) 不要讓雜念動搖了你的意向。你該明白，這些雜念不論化身為何種形式，均無意義，也無能力。

可以說，最後這句話不啻為小我罪咎懼的思想體系敲響了喪鐘。因為小我一向宣稱：「我們的念頭是有力量的，它足以毀滅上主、釘死基督，甚至粉碎天堂的一體境界！」念頭看

起來確實威力無窮，即使我們已經將上主埋葬在特殊性的墓碑下，小我還是能讓祂死裡復生，回頭向我們索債。為了化解這種妄念，這節的複習有它連貫一氣的要旨，令我們明白，種種分心把戲與攻擊之念其實一無所能，也一無所成，它們看似呼風喚雨的能力全是我們賦予的。上面短短的幾句課文將我們一下子帶回《課程》的基本理念：一切能力都是我們賦予的，只因我們的心靈不只相信了幻相，還很當真地與它周旋較勁不休。我們一旦認定自己能夠妄用念頭的力量毀滅上主，必然相信我們的雜念及眼前的世界也具有這種能力。然而，不論念頭看來多麼法力無邊，它的力量全來自「我們已離開天堂且毀滅了上主」的那個信念。正因如此，耶穌才鄭重告訴我們，那些無謂的念頭既然毫無能力，自然不會產生任何後果，這就是「連天堂之歌的一個音符都不曾錯過」（T-26.V.5:4）之深意。唯有上主具有真實的能力；而祂從不造作，只是單純地存在。

(4:3~5) 用你勢在必成的決心取代它〔雜念〕吧！不要忘了，你的意志具有克服一切幻覺與夢境的能力。信賴它的引導，它會帶領你超越一切障礙的。

　　真是一語中的，雷霆萬鈞！只要我們的念力與上主的念力一致，我們的意志便具有「克服一切幻覺與夢境的能力」。這種真理的力量，與小我心目中的操控與征服能力，完全不可同日而語。第一百六十九課有一句大家早已耳熟能詳的話：「我們只能說：『上主永恆如是。』然後便緘默不語。」（W-

169.5:4）徹底道盡了意志力量之所在。是的，除了上主之愛，別無他物；而我們就是那個聖愛。既然如此，接下來，只剩下一個問題了：我們就是不肯選擇它。此刻，無妨套用哈姆雷特那句知名的感嘆語：「這就難了！」想一想，我們若不主動選擇那個力量，怎麼可能知道它是我們天賦的能力？

(5:1) 把這些練習當作你獻給「道路、真理及生命」的承諾。

　　「道路、真理、生命」是〈約翰福音〉的一句名言（約翰福音14：6a），《奇蹟課程》曾多次引用〔原註〕，在此，耶穌將它跟小我的歧途作了這樣的對比：

(5:2~4) 絕不輕易偏離正道，落入幻覺和死亡之念的陷阱。你已獻身給救恩了。每天下定決心，不讓自己的任務落空。

　　自從我們打造出一套與天堂背道而馳的思想體系之後，耶穌就象徵著「**道路、真理、生命**」，而小我則代表出軌的**岔路**，把我們騙入以死亡為歸宿的**虛幻**思想體系，愈走離家愈遠。耶穌只好不斷借用我們對幸福的渴望，誘導我們回歸生命之源。言下之意，如果我們寧可選擇個體身分而不願掉頭回家，其實就是在抵制幸福，任由心靈禁錮在死亡之念及幻相裡也在所不惜。如此一來，我們自然相信心靈一無所能，因為我們早已徹底否認自己擁有心靈，把力量轉而投注到身體及世界上頭。

〔原註〕請參閱 T-6.I.10:3；T-7.III.1:9；W-PII.「最後的幾課」4:4；P-1.2:3。

(6:1) 在「短式」練習裡，再次重申你的決心，將這觀念的基本形式活用到日常生活中，必要時可改用更貼近現狀的練習形式。

耶穌再次寄望我們下定決心，不再受小我分裂與特殊性的誘惑而誤入歧途；他想盡辦法要我們提高警覺，不再與罪咎懼認同。這就是本複習的宗旨所在。

(6:2~4) 我們繼主題的解說之後，還會為你列出幾個具體的運用格式。然而，這些建議只供你參考之用。你不用太拘泥於文字。

〈學員練習手冊〉通常短短幾句話就能托出《奇蹟課程》的整套思想體系，這一小段引言即是最好的例證，最後這句話尤其清晰展現了**形式**和**內涵**的主題。我們不必對〈練習手冊〉的文字吹毛求疵，它的**形式**完全無關宏旨，真正重要的是，心靈是否下定決心選擇以耶穌為師。雖然這個選擇的**內涵**總得透過一些具體**形式**才能呈現，但我們絕不能因此而誤以為問題出在這個世界，解答也只能在世界尋獲。事實真相是，問題與解答始終存在心靈內，我們所切盼真實而徹底的改變，也只可能發生在心靈裡。

第八十一課

我們今天要複習的觀念是：

　　我曾在複習一提過這段小故事：海倫告知耶穌，她不要整個複習都採用一成不變的標題格式來開場，她想看看耶穌是否真能給她不同的開場白，以此判定這傢伙究竟是真貨還是假貨。耶穌果然滿全海倫的心願，每一課複習的開場不斷變化，比方說：我們今天要複習的觀念是、我們今天要複習這些觀念、今天讓我們來複習這些觀念，等等的，實在令人嘆為觀止。可以說複習二這十課的標題再次給予我們一個「形式雖歧異，內涵卻相同」的標準範例，現在，我們就從這個無聊的形式要求，進入它們神聖崇高的內涵。

(1:1~5) (61) **我是世界之光。**

身負光照世界之任務的我，是何等的神聖！讓我在自己的神聖本質前靜心片刻。願我所有的衝突都消融於寧靜的光明中。願我在它的平安中憶起自己的生命真相。

　　複習二，一開篇就言簡意賅地描繪出自性的境界；而我們「負有光照世界之任務」這一聖靈之聲可說是自性在人間的迴響。我們在前文已經說過，耶穌並不是要我們像一盞燈那樣照亮外面的世界，因為世界僅存於聖子的心內。只因我們聽信了小我，世界才陷入黑暗，因此，只要轉而聆聽聖靈，我們就成了祂的真理之光。既然上主之子只有一位，而世界又在聖子心裡，我們也就當之無愧地成了世界之光。在光明之中，衝突毫無立足之地，它只可能藏身於小我陰暗且對立的思想體系裡。

(2:1~4) 當你好似想起某些具體困難時，不妨改用下列格式來操練今天的觀念：

> **願我不再遮掩自己內在的世界之光。**
> **願世界之光能穿透這一事件的表相。**
> **這個陰影遲早會消失於光明之中。**

　　選擇耶穌就是選擇光明，罪咎投射而成的陰暗世界必然隨之銷聲匿跡，任何陰魂一碰到光明，都會頓失所據。幻相就是幻相，永遠虛幻，它在真相面前完全無計可施。因此，我們每天只有一個任務，就是把黑暗的知見帶入耶穌的真理之光內。

　　本課的第二部分進入了《課程》的核心主題──寬恕。

(3:1) (62) 身為世界之光的我，負有寬恕的任務。

　　在天堂，我們負有創造的任務，但在世間，無人有此能

耐，因為創造與世界毫不相干。至於寬恕，對於仍活在世間的
我們，卻是意義非凡，誠如第一百九十二課所言：

> 天父的神聖旨意就是要你使祂重歸完整，並願你的自
> 性成為祂神聖之子，永遠如祂一般無瑕可指，在愛中
> 受造，在愛中長存，在愛中推恩，且在愛的名義下繼
> 續創造，永遠與上主及你的自性一體不分。然而，這
> 種任務，對那充滿嫉妒、瞋恨與攻擊的世界，又有多
> 大的意義？

> 為此之故，你在世的任務必須遷就世界的遊戲規則。
> 否則，誰能了解那非他所能懂得的語言？你在世的任
> 務，一言以蔽之，即是寬恕。（W-192.1:1~2:3）

這讓我想起〈正文〉也有一段談到我們的療癒任務：

> 你在天堂具有創造的任務，同樣的，你在世間也具
> 有療癒的任務。在天堂裡，上主與你分享祂的任
> 務，在這世間，聖靈也會與你分享祂的任務。（T-12.
> VII.4:7~8）

寬恕或療癒的任務，能夠幫助我們釋放整個小我體系。也
就是說，先看出罪咎不在別人身上，再進一步意識到它也不可
能存於自己心內。罪咎就這般化解了，它再也阻擋不了我們真
正的創造任務，遮掩不住我們原是基督這一終極身分。

(3:2~3) 我必須先接受自己的任務，才可能看見內在的光明。在這光明中，我的任務會清晰而明確地顯現於我眼前。

　　課文的焦點一再回到「解除障礙」這個主題，這正是寬恕的任務所在，因為那些障礙阻擋了基督聖愛的光芒。此刻，我要再次指出〈正文〉的開篇之言，那是我們務必時時刻刻銘記在心的：

> 本課程的宗旨並非教你愛的真諦，因為那是無法傳授的。它旨在清除使你感受不到愛的那些障礙；而愛是你與生俱來的稟賦。（T-in.1:6~7）

(3:4~5) 即使我尚未認出自己的任務，仍可先行接受，因我目前還不了解寬恕的真義。我相信，我終會在那光明中認出它的真相的。

　　這幾句話極其重要。我們在學習這部課程之初，難免認為寬恕是針對某人某事，甚至誤以為不但要罔顧別人對我們做的壞事，還要親口說出「我寬恕你」才行。修練到位以後，才逐漸意識到：「其實，有罪的是我，不是你。」我們就這樣一步一步明白了真正需要寬恕的是自己，完全與外人無關，因為整個世界都在心內，不在心外。

　　回到上面那段課文，耶穌明白指出，我們開始學習寬恕時，並不知道這一路會經歷什麼，只能一級一級往上攀爬。此時的我們，不只對階梯頂端的風光一無所知，更遑論那超乎階

梯之上的上主之境了。但是，我們只需要明白一點，就是自己對每一件事的看法、感覺及知見全都搞錯了，這樣就綽綽有餘了。即使我們仍不清楚如何解決小我的問題，卻依然能夠學習得心安理得，因為〈正文〉這樣說：

> 你寧可相信自己的了解具有左右真理的力量，真理全靠你的了解才可能成真。然而，我再三提過，你無需了解任何事情。救恩之所以如此容易，正因它所要求的沒有一件是你目前做不到的事。（T-18.IV.7:5~7）

目前，我們至少已能承認自己什麼也不知道，這是修行的第一步。到了下一步就容易多了，只要我們肯活用下面的練習語，具體操練下去：

> **(4:2~4) 願這件事幫我懂得寬恕的真諦。**
> **願我不再把我的任務與我的意願視為兩回事。**
> **我再也不願把這事用在不相干的人生目的上了。**

一如往常，耶穌要我們把每天的經歷當作學習寬恕的契機，這好似在為第一百九十三課鋪路：「**一切事情都是上主要我學習的課程。**」總而言之，我們得先學會如何正確地使用心靈的力量，把小我荒謬的攻擊企圖轉化為聖靈或正念的療癒，我們小小的意志便會逐漸融入上主所創造的偉大旨意了。

第八十二課

我們今天要複習這些觀念：

(1:1) (63) 世界之光藉著我的寬恕，把平安帶給每個心靈。

本課繼續延伸前一課的主題。

(1:2~5) 我的寬恕乃是世界之光透過我而彰顯於世的管道。我的寬恕也是幫我意識到世界之光就在我心內的媒介。我的寬恕乃是世界與我一同獲得治癒的工具。為此，讓我寬恕這世界吧！好讓世界與我一同痊癒。

聖子共享同一心靈，乃是世界療癒的契機，這個觀念我們早已多次提到了。只要我能寬恕你，表示我已經寬恕了自己，因為我們來自同一個有罪之我〔原註〕。只要我捨得放下小我的

〔原註〕我在《奇蹟課程的訊息》（暫譯）上冊第2~4章深刻討論過這一觀念：我心目中的自己，和我在人際關係中所看到的另一個自己，兩者都是一個更大的我分裂出去的碎片而已。

特殊之愛，轉而認同耶穌的愛，便不難領悟出「聖子奧體從未分裂」這一真相。因此，只要寬恕聖子奧體的某一部分，等於寬恕了整個聖子。這正是《奇蹟課程》的核心觀念。再說一次，耶穌絕不是要我們去治癒外面的世界，因為**根本沒有「外在世界」這一回事**。為此，〈正文〉才會說：「不要設法去改變世界，而應決心改變你對世界的看法。」（T-21.in.1:7）世界只是一個觀念，從未離開過它的心靈源頭，所以世界之念始終藏在心內；那麼，當我心靈的分裂之念（即罪咎懼）獲得痊癒之際，世界必也跟著痊癒了。

接下來，我們要把下面三句話應用在今天所有的經歷上：

(2:2~4)（人名），願平安由我的心通傳到你那裡。
（人名），我願與你共享世界之光。
我必須透過寬恕才能看清此事的真相。

只要我能活出平安，這份平安必然會延伸到每個人的心內。而如果想分辨自己究竟選了上主的平安還是小我的怨恨，最直接的方法，就是隨時覺察自己的所知所見。只要感到自己仍會受到世界的侵擾，內心是不可能平安的。這令我們想起〈練習手冊〉最前面幾課的教誨：我們在外面看到的一切都源於自己的心念，如果我們感覺自己受到外在任何事件的騷擾，內心是不可能平安的。就這樣如實覺察自己的感受，必能幫助我們看清自己的小我究竟作了什麼選擇，自然就知道應該如何修正及化解了。

操練《奇蹟課程》到這一階段，我們還沒有直接進入心靈的層次，所以仍需要透過「我在外面看到什麼，表示心內已經把什麼當真了」的領悟，來慢慢認識自己的心靈。再重述一遍，如果想知道我們究竟是拜耶穌或小我為師，只需留意自己在日常生活的各種反應心態。一旦覺察到自己又在批判或生氣，立即提醒自己：「紅燈亮了！我又選擇小我了，我不但沒有為這一決定負責，還企圖將它投射到自己之外的其他人身上。」如此一來，寬恕便能輕而易舉化解這一瘋狂之念了。

(3:1) (64) **願我勿忘自己的任務。**

這一課把我們帶回「真實自性」這一主題。

(3:2) **我不會忘卻自己的任務，因為我願憶起我的自性。**

我若真心想要憶起生命真相而回歸家園，除了寬恕，別無其他途徑。也因此，寬恕任務成了幫助我憶起自己真實身分的唯一工具。

每當我們意識到自己又落入批判，不管是針對特殊的愛或特殊的恨，都可視為一記警鐘，表示我們既不想從夢中覺醒，也不願憶起自性真相。活在小我的世界裡，我們分明是作繭自縛，卻為自己的束縛而怪罪他人。不過，也請記得，當我們揭穿小我的伎倆時，不要批判自己或感到內疚，只需請求耶穌幫我們看出自己活得這麼不快樂。再提醒一次，我們所作的判斷或追求的特殊性，充其量，只會帶來一時幸福平安的假相。如

今，藉著耶穌的陪伴，我們可以逐漸不帶批判地看待自己，同時，也能慢慢不帶批判地看待他人了。

　　總之，我們若真想知道自己的心境，只需反觀自己的想法、看法以及感受。如果能懷著平安的心，與弟兄攜手致力於共同福祉，表示自己已經選擇了聖靈；反之，心中只要還有些微的不安，我們必然拜了小我為師。

(3:3) 我若忘了自己的任務，就沒有完成的可能。

　　為此，我們才需要那位神聖導師不時提醒自己寬恕的任務——放下判斷。只要一開始判斷，表示我們又一次「選擇」遺忘這個寬恕任務，只因我們根本不想回歸天鄉。要記得，「遺忘」總是別有企圖，絕非無心之過。

(3:4) 我若不能完成自己的任務，便無法體會到上主賜我的喜悅。

　　如果我們感到自己與眾不同，開始批判，或與小我沆瀣一氣，等於聲明自己並不希罕上主所賜的喜悅，寧可享受小我所給的一時之快。然而，一旦推開上主的喜悅，必會令我們感到罪孽深重，不得不投射出去，開始挑剔別人的過錯。我已說過，耶穌無意要我們為投射而自責，他只要我們清楚意識到自己在做什麼，再看到自己為此選擇付出多麼慘痛的代價，這樣就成了。

照樣的，他接著要我們把這理念運用在日常生活中，這樣對自己說：

(4:2) **不要讓我為此而忘卻自己的任務。**

「為此」的「此」字，是指今天發生的任何一件事，也許因為天氣變化而不開心，也許為了某人已做或沒做的事而煩惱，但無論如何，別忘了提醒自己：「是我存心用此事當作藉口來遺忘自己的任務，我其實是想把上主的喜悅推出自己心外。」

(4:3) **我願利用這個機會來完成我的任務。**

今天不論發生了什麼事，我們不再拿它當作藉口來否認自己的任務了，我們要請耶穌把它重新塑造為寬恕的機會。換句話說，每個人生場景都可轉化為聖靈的教室，藉此領悟出自己的幸福不靠外在任何的東西，也不靠活出一個特殊的自我，而是決心拜耶穌為師；唯獨他，能帶領我們穿越自己的特殊性而安返天鄉。今天，別忘了把這個觀念套用在所有的事件上。

(4:4) **這事可能會威脅到我的小我，但它絕**
對改變不了我的任務。

也就是說，就算某人的言語或作為威脅到我的安危，也不表示我就可以放棄自己的寬恕任務而不寬恕他。我若選擇發怒，只表示我存心迴避這個天職。然而，寬恕的任務和它的神

聖導師始終安住在我心內。為此，**除了自己的決定**，世上沒有一物能阻止我完成寬恕的任務。

第八十三課

今天讓我們來複習一下這些觀念：

(1:1) (65) **我唯一的任務就是上主所賜之任務。**

切記，除此之外，**別無**其他任務！

(1:2~5) **除了上主賜予我的任務以外，我沒有其他的任務。這一認知能幫我由所有的衝突中脫身而出，因為它指出我不可能有自相衝突的目標。既然目標只有一個，我必然十分篤定自己該做什麼、該說什麼以及該想什麼。只要認清了自己的唯一任務即是上主所賜的任務，所有的疑慮必會煙消雲散。**

我們活著，不是為了拯救世界、賺錢養家、養生保健活到一百五十歲；我們的任務只有寬恕，這是唯一合乎正念的人生目的。只要記住這一點，所有衝突便會煙消雲散。因為我們的任務純屬內在，就是在新老師的陶冶下，慢慢明白外在事件無足輕重。如果我們相信自己還有其他更重要的外在任務，兩者

遲早會激起矛盾衝突的。

　　打個比方，我們開始操練《奇蹟課程》時，可能真想覺醒或回歸家鄉，但心裡又十分渴望成為一位偉大的奇蹟教師，外表看來十分虔誠謙卑，內心卻始終在追逐「特殊性」的價值，放不下金錢、名譽、權力、愛情。這表示我們已經把外在目標看得和內在目標一樣重要甚至更重要了；這樣，衝突自然勢所難免，完全落入了小我預設的圈套。應知本課程的目標乃是終止內心的矛盾，而非加劇內在的衝突，它的方法就是：賦予我們所打造的世界一個「正念的目的」，讓世界成為一面明鏡，反照出自己內心所作的選擇。唯有如此，我們的心靈才有療癒的機會，因為一切衝突都發生在心內。下文為我們作了最好的詮釋：

　　千萬別忘了，整個世界都是為了上主之子的療癒而存在的。這是世界在聖靈眼中唯一的目的，故也是它所有的目的。除非上主之子的療癒成了你唯一的心願，除非你已能看出世界、時間以及萬事萬物都是為了聖子而存在的，否則你不可能得知天父與你自己的真相。因為你必會利用世界去做與它原有目的相反的事，而那充滿暴力與死亡的世間法則也會伺機奴役你。（T-24.VI.4:1~4）

　　正因如此，只有「療癒」才堪稱為世界比較正常的存在目的。當初我們是為了發洩自己對上主與基督的怨恨而打造出世

界的,如今唯有那位新老師才能教導我們撤換這個目的。從此,世界成了道場,先教我們明白自己還有一顆心靈,繼而看清這顆心靈曾幾何時選擇了小我。如今,終於到了作出正確決定的時刻。此後,我們不再三心兩意,開始堅定地向寬恕願景大步邁去。

現在,透過下面的練習語,我們可以試著把自己所學到的,具體應用在生活上了:

(2:2~3) 我對此事的看法改變不了我的任務。
這事不會另加給我一個非上主所賜的任務。

不論我認為是什麼外在事件令我心神不寧,也絲毫影響不了內在的心靈。換句話說,不論外面發生了什麼事,都改變不了我在人間的寬恕任務。不論小我作出什麼反制之舉,耶穌始終溫柔耐心地把這一任務護守於我們心內。各位大概還記得我曾引用過一段動人的〈正文〉,耶穌的愛心與耐心在此表露無遺,我再摘錄其中幾句:

> 我為你保存了你所有的善良以及每一個慈心善念。我會為你淨化所有令它們蒙塵的過失,為你保存它們原有的無瑕光輝。（T-5.IV.8:3~4）

不論小我多麼居心叵測,我們也絕對不會敗在它手下的;不論我們外在表現得多麼瘋狂失常,也撼動不了內心的清明正常,更改變不了那代表我們清明正常的寬恕任務。

(2:4) 我不願用這事來為非上主所賜的任務撐腰。

我再也不願把任何外在事件當作藉口，相信此生除了化解小我思想體系以外還有其他任何目的。小我當初打造出這個世界就是為自己撐腰，世界自然唯命是從，不斷製造事端，給我們一堆判斷與怨尤的藉口，證明我們確實受到不公的待遇，使得自己的保護對策（包括暴力反擊）顯得愈發天經地義。然而《奇蹟課程》兩次鐵口直言：「沒有一種攻擊是理所當然的。」（T-6.in.1:7; T-30.VI.1:1~2）請記得，我們在人間只有一個責任，即是恢復心靈的平安。說到底，寬恕任務就是認出這個令人歡欣的真相。

(3:1) (66) 我的幸福與我的任務是同一回事。

理由無他，我們的幸福絕非來自世間任何一物。可還記得特殊性的運作法則，它和奇蹟原則恰恰相反，聲稱我們的幸福只可能來自身體（不論是我的還是別人的身體，乃至任何身外之物）。然而，如此一來，內心勢必引發矛盾，因為真正的幸福只可能出於寬恕自己的罪咎。只要我們還冀望於世間的快樂，衝突便勢所難免。這一說法絕不是要我們為自己仍在追求肉身欲樂而感到內疚，它只希望我們意識到自己在做什麼，這樣就夠了。要記得，本課程從不標榜犧牲，或要我們放棄心愛之物，耶穌在〈正文〉最後為我們解釋了「放棄世界等於放棄虛無」的道理，說到究竟，我們什麼也沒犧牲。他之所以教導我們放棄虛無，目的只是要我們明白，世上所有的東西都是虛

無。徹底了解這一點，我們才可能心甘情願放下世界。

> 放下這個世界吧！這稱不上犧牲。因你從未真心想得
> 到它。你從世上努力追求來的幸福，哪一樣不曾帶給
> 你痛苦？你可曾享受過片刻的滿足而無需付出可怕又
> 痛苦的代價？然而，喜悅原本是無價的，那本是你神
> 聖的權利；凡是必須付出代價之物，不可能是真正的
> 幸福。誠實以對吧！如此，你才會加快腳步，不再被
> 過去蒙騙。過去那些經驗只會繼續向你索取苛刻的代
> 價，使你活得了無生趣。（T-30.V.9:4~12）

《奇蹟課程》設法開啟我們的眼睛，慢慢看清自己的想法、感受以及行為全都離不開上主的救贖計畫。只要我們接受聖靈的詮釋，每個世俗的欲望都能轉化為神聖的目的。再說一遍，即使自己明知這些身外之物不會帶來幸福，我們也無需為自己的欲望而內疚。這段話只想讓我們意識到自己一生都活在衝突之中。這番領悟，便成了終結衝突的第一步，也為真正的幸福敞開了大門。

(3:2~4) **凡是來自上主的都是同一回事。它們既源自一體，我必須當作同一件事來接受。完成我的任務即是我的幸福所在，因為兩者同出一源。**

小我想盡辦法在**心靈層次**把我從上主那兒分裂出去，繼而與自己分裂，從此，我們理所當然相信自己的幸福和任務都在

外邊，也就是**形體的層次**。唯有真正了解一體原則，我們才可能戳破這個騙局。一體境界和世界的運作法則可說南轅北轍，世界的運作特質永遠是分別取捨，每事每物好似互不相干。我們的心情幾天好又幾天壞；人際關係上，跟這人融洽卻跟那人隔閡；甚至是跟同一個人，有時親近又有時疏遠。我們永遠活在各種動盪與衝突中，因為它受制於小我「**非此即彼**」的原則：我與你有利害衝突，我贏你就得輸；我若輸了，表示你贏了。耶穌卻教導我們，若要回歸上主的一體生命，就必須活出一體之愛；若要活出一體之愛，就必須以共同福祉的慧眼來看待彼此。

(3:5) **如果我想要活得幸福，必須學會認出真正能夠讓我幸福之事。**

這幾課的宗旨，一言以蔽之，就是教我們看清什麼才能帶給自己真正的幸福。本課繼續耳提面命：幸福絕不是仰賴外在的成就，因為它們徹頭徹尾幻滅無常。

耶穌要我們依照下面幾種方式操練今天的觀念：

(4:2~3) **這一件事無法把我的幸福與我的任務分開。**
我的幸福與我的任務的同一性，絲毫不受此事的影響。

和前一課一樣，耶穌要我們明白，不論面對何種挑戰，都動搖不了寬恕帶來的幸福結局，因為幸福完全來自心靈的決

定。世間沒有任何力量剝奪得了我們的決定能力，只有自己的決定能夠自廢武功，不幸的是，我們真的一直在幹這種蠢事。

　　這兩句練習語再三顯示出耶穌的用心良苦，他要我們把這些相當抽象的觀念具體應用在日常生活中。如果我們真想從這部課程學到東西，就必須踏踏實實身體力行，而無需什麼聰明才智。雖然在理性層面深入了解〈正文〉的教誨也很重要，但如果我們不試著把它活出來，那些理論根本形同具文。也因此，我們看到這幾課不斷提醒我們，正正常常地度過每一天，只要內心一開始感到不安或情緒激動，要記得，眼前這件事絲毫改變不了我們的幸福和任務，因為兩者皆存於自己心內，縱然眼前的幻相能夠遮蔽它們一時，對真相卻毫無影響。

　　最後一句重述了上述的觀點：

**(4:4) 世上沒有一件事（包括此事在內）能讓
我相信我的任務之外還有其他的幸福幻相。**

　　當世間某些事物帶給自己幸福快感時，只要心知肚明「此事與自己的寬恕任務毫無瓜葛，故也無法持久」，如此就夠了。我們為了逃避罪咎，不惜逃到心靈之外（我們當初也是為了同一理由而自以為逃出天堂的）；因此，也唯有放下罪咎，才有真正的幸福可言。可以說，化解罪咎正是一切喜樂的根源，它會一舉解除人間所有的苦難，將我們領回自己不曾離開片刻的天鄉。

　　究竟說來，每一天的幸福快樂，與每一天的寬恕功課，兩者其實是同一回事，只要我們徹底領悟世間沒有一人或一物剝奪得了上主的平安，它非我莫屬，始終都在心內等著我接受它；光是體會到這一事實，即使我們還沒準備好接受平安的來臨，也足以帶給自己某些喜悅和希望了。如果我們還想操控、玩弄或改變世界，是不可能享有這種喜悅與希望的，因為這些企圖雖能一時讓我們稱心如意，但到頭來，總有事與願違的時候。耶穌一心一意要我們以此作為衡量世間萬物價值的指標。我們在後面的一百三十三課還會看到這一觀念，它切入得更為深刻：

> ……你若選擇一個無法永存之物，你所選擇的就毫無價值。只有短暫的價值，其實等於沒有價值。只要是真有價值之物，時間是無法奪走它的。凡是會消逝的，表示它不曾真正存在過，選擇它的人不可能從中獲得任何益處的。（W-133.6:1~4）

　　縱然我們還沒準備好放下這個世界，但只要明白自己無需這麼看重這些「短暫的、無價值之物」，自然而然內心便會充滿了希望。

第八十四課

今天要複習的觀念如下：

(1:1) (67) **愛把我創造得猶如它自身一樣。**

　　這句話是在講上主的一體生命，直指我們的真實身分：基督自性。

(1:2) **我是按造物主的肖像而造的。**

　　這句話引用了《聖經》的說法，上帝按照自己的肖像創造了人（〈創世記〉1：26）。請注意，耶穌雖然引用這個說法，但他所說的上主與《聖經》的造物主截然不同：我是按照生命之源的肖像而造的，上主既然是純靈，故我也是；祂無形無相，永恆不易，一體不分，故我也是。為此……

(1:3~6) **我不可能受苦，也不可能失落，更不可能死亡。我不是一具身體。我今天願認清自己的實相。我不願供奉任何偶像，也不再抬出自我觀念來取代我的真實自性。**

　　顯然的，耶穌並不指望我們現在就能活出上述的實相，我們距離那個境界還遠著呢！他在前面幾課已經說過，我們目前的程度還不足以了解寬恕的真諦，更遑論那超越寬恕的究竟境界了。因此，這幾句話可以視為耶穌另一番的精神喊話，他要我們明白，我們確實有這個潛能，隨時都能為自己選擇這一生命實相；即使我們決定不選擇它，這一實相也不會因而消失的。在實相之境，我們不是這具身體，而是純粹屬靈的生命，既不可能受苦，更不可能死亡。我們對自性生命的記憶，始終耐心地等候我們穿越罪咎和攻擊的烏雲，攀上階梯的頂端，與它相會。這類說法在整部課程屢見不鮮：

　　平安是靈性的天賦遺產。每個人都有拒絕自己遺產的自由，卻沒有建立遺產的自由。（T-3.VI.10:1~2）

　　在分裂夢境裡，我們固然可以隨心所欲，但這類追逐偶像的無謂願望，與上主旨意毫不相干。我們的生命真相（也就是自性），純粹建立在上主旨意的基礎上。

(1:7~8) 我是按造物主的肖像而造的。愛已將我創造得猶如它自身一樣。

　　耶穌在此重述了一遍今天的主題，要我們再度回到這個觀念。我們若真想快點上道，必須心甘情願放下小我那些微不足道的替代品，接受自己的生命實相——我們是按造物主的肖像而造的，祂是愛的本體，是我們的生命根源。

下面的練習語重申了上述的觀念：

(2:2~4) 不要讓我在此事上看到自我的幻相。

願我在此事上憶起自己的造物主。

我眼前所見的模樣絕不是造物主的創造。

上面的「此事」一詞，包含了生活中任何的事件，舉凡所有令我們誤信自己是一具脆弱的身體因而更加相信自己不可能是上主創造的偉大自性或靈性的，都成了我操練的工具。舉例來說，如果某一事件能把我們搞得興奮莫名或是傷心欲絕，要知道，那些看法或感受純粹出於自己的選擇。若非心靈已經認同了小我，否則世上沒有一事一物可以左右我的喜怒哀樂。而我之所以作此選擇，推到究竟，只因我重視小我遠甚於上主創造的不二自性。為此之故，耶穌一再叮嚀我們重新選擇，把生活中每一件瑣事都視為憶起上主的大好機會。然而，我們又如何知道自己作了這個選擇呢？答案完全在於我們能否領悟出下面這番道理：自己所經歷的事件不可能出自那圓滿的愛之本體，故不可能是真的；它既然不是真的，故也必然沒有傷害我的能力。

(3:1) (68) 愛內沒有怨尤。

此刻，耶穌再度回到怨尤及攻擊的主題。這句話正意味著怨尤絕不是毫無來由冒出來的，是我們**主動選擇**了它。追究其因，是因為我們深受與真愛分離之苦，卻想把責任怪到別人

頭上。我們既不敢承認自己因為恐懼而決定與愛一刀兩斷，更不願為此負責，於是，我們不但否認這個罪過，企圖與它撇清關係，還利用投射的伎倆，將罪過嫁禍他人（**任何人**都行），其實我們完全心知肚明，這是自己幹的好事。我們就如此這般幫小我實現了它的「保身大計」，藉著否認心靈的存在，陷我們於失心狀態，活得身不由己，處處受制於外境（T-19. IV.四.7:4）。

(3:2~5) 愛是完全不懂得怨尤的。怨尤打擊了愛，遮蔽了它的光明。只要我還心懷怨尤，我就是在攻擊愛，也等於打擊了我的自性。自性從此成了我的陌路。

　　這正是怨尤的真正企圖：讓自性變成我的陌生人。由於自性生命裡沒有個體存在，故心懷怨尤可說是小我存心讓我遺忘生命真相最高明的一招了。我一方面想要保持自己的個體性，一方面又為自己選擇特殊性而內疚不已，繼而把攻擊投射到他人身上。這一連串的反應，幫小我打造了無比堅固的防禦工事，掩埋了愛的記憶。我們明知自己看不到自性光明不能歸咎於任何外在原因，但仍會忍不住向耶穌嗆聲：「我怎麼可能生起神聖的念頭或憶起上主和基督！看看我今天的遭遇！看看那個混帳對我做了什麼！看看剛剛發生的天災！給我張開眼睛看清楚！」

　　可以說，所有人間的苦難都在為怨尤提供最好的藉口，殊不知，我們就是為了讓自己怨得理直氣壯，才編出這種人間故

事的。如此，我們才能振振有詞地說：「**它們**這樣興風作浪，我怎麼可能體驗到愛或憶起我的自性？這根本不是我的錯！」

仍然像上一段一樣，耶穌繼續促請我們下定決心，故說：

(3:6) 我下定決心今天不再打擊我的自性，如此，我才可能憶起自己的真實面目。

只要能夠意識到自己暗中所幹的事，並且看清自己為此怨尤付出的代價，必有助於加深我們的決心，不再攻擊自己的自性，因為狀似分崩離析的聖子奧體就是靠這一自性才能重歸一體的。今天，我們只願憶起自性，再也不替怨尤撐腰了。

下面的練習語，遲早會將我們領回自性的家園：

(4:2~4) 這一件事並不足以否定我的自性。
我不願藉此事而打擊愛。
願我不受此事的蒙蔽而傷害自己。

耶穌又在向我們的心念力量喊話了：「重新選擇吧！」本課的練習語無非要我們認清「任何攻擊念頭都沒有存在的藉口」。聖靈不斷提醒我們改換目的，甘願釋放內在的怨尤，如此，埋藏心底的愛才有機會浮出我們的意識，帶來心靈的平安。是的，我們亟需平安作為跳板，方能憶起自己遺忘已久的自性生命。

第八十五課

今天要複習下列的觀念：

(1:1) (69) 我的怨尤遮蔽了我內在的世界之光。

本課繼續深入前一課的主題。

(1:2) 我的怨尤會使我看到根本不存在的事，同時遮蔽了我應該看見之物。

我的心內有一部分想要知道自己的真我，另一部分卻充滿恐懼，決心抵制這一真相，因此，耶穌才不斷請求我們重新選擇。只因我們曾經作出錯誤的選擇，隱藏了自性真相，如今我們也能發揮同一抉擇能力，扭轉這個決定，讓自己企圖隱藏的真相重見光明。

(1:3~4) 認清了這一點，我還要這怨尤做什麼？它遮蔽了光明，使我陷於黑暗。

　　不幸的是，我們往往難以抵擋黑暗的誘惑，唯恐在上主的真理之光下，我們會失去個體性與特殊性。也因此，我們需要看穿自己抓著怨尤不放的動機，就是企圖用罪咎與攻擊的黑暗籠罩住愛的光明，好讓特殊的自我從此高枕無憂。

(1:5~6) 怨尤與光明無法並存，但光明必須與慧見聯手，才能幫我看清真相。我必須捨下怨尤才能看見。

　　終究，我們必得反問自己：「我究竟想不想看清真相？」如果真心想看，就必須借用耶穌的眼睛去看，這同時也意味著自己放棄了判斷的權利。若想知道自己究竟作了什麼選擇，很簡單，只要看看後果就知道了──生氣、沮喪、內疚、恐懼或焦慮，全都表示我其實並不想看清真相。一旦選擇了小我，我自然只會著眼於個體性與特殊性；即使活得很苦，但至少保住了這個自我。

(1:7) 我願看見，今天的觀念能幫我達到這一目的。

　　如今，我再也不想為了自保而活得這麼辛苦了，我要培養那個慧見，把所有聖子看成同一生命，這是憶起自性的一體生命之先決條件。話說回來，唯有先放下心中的怨尤，我們才能透過這一慧見而尋回真正的幸福。

　　那時，我們自然會歡欣鼓舞地把下列的練習語套用在今天每一事件上：

(2:2~5) **願我不再藉此而蒙蔽自己的眼光。**

世界之光會驅散一切黑暗。

我不需要如此這般。我要看見。

　　只要精進操練下去，我們便會意識到自己的心靈是如此的分裂。有一部分根本不想回家，它是把我們困在世間的元兇；但在同時，接受《課程》的我們則代表另一部分的心靈。我們必須一併意識到兩者的存在，才可能從中作出一個有意義的選擇，並且明白，自己之所以陷於黑暗又痛苦的人生沼澤而感受不到平安和喜悅的光明，只因小我的怨尤從中作祟。唯有看清「選擇攻擊」和「身受其苦」兩者間的因果關係，我們才能真心說出「我實在無需如此」這句話。這一領悟會開啟我們的眼睛，所有的痛苦就在這一慧見中，消融於寬恕的光明之境。

(3:1) (70) **我的救恩來自於我自己。**

　　不僅耶穌和聖靈不在我之外，救恩也不在外，說到究竟，連**我**也不在自己之外。

(3:2~6) **今天我要認清我的救恩之所在。它就在我內，因為它的終極根源也在那兒。它從未離開過這一源頭，因此它也不可能離開我的心。我再也不願向身外追尋了。救恩不是從外面找到再帶回心裡的。**

　　這是一般人面對上主、耶穌以及這部課程最常見的心態，總認為它們在自己外邊。我們必須明白，救恩只可能存在心

內，憑靠的正是心靈選擇耶穌而非小我為師的那個抉擇能力。救恩不在耶穌**身上**，而在於我們選擇耶穌的那一心靈能力。我在前文已經解說過，耶穌不斷邀請我們到**夢境之外**與他相會，我們卻想盡辦法把他拉進**夢裡**來，藉著他的參與來鞏固自己的小我身分。因此，耶穌一次又一次重申，我們一路上需要牽著他的手，才穿越得了夢境，最後與他一起走出這場人生大夢。

　　小我則反其道而行，千方百計讓夢境演得栩栩如生且愈演愈烈，耶穌才不得不一再耳提面命。要記得，上主的記憶存在我們心中，小我的夢境也是從心中誕生的，故也只會在心中結束。化解夢境，構成了救恩的內涵，關鍵就是選擇憶起生命的根源就在**自己心內**。我們原是上主天心的一念，從未離開過祂，祂也不曾遺棄我們，只因**觀念離不開它的源頭**。這就是為什麼尋求救恩只能從自己的正念之心下手。這個正念之心就是耶穌的家園，上主的記憶也在那兒等著我們接受，直到我們從分裂與死亡之夢覺醒的那一天為止。

(3:7) **它是由我心內向外延伸的，我所見的一切不過反映出那在我及它內永恆遍照的光明而已。**

　　上面「我所見的一切」，絕非指我們這雙肉眼所見的形相世界，我們是不會在某人或某物上看到有形之光的。正念心境的一念就是光明，故它也是寬恕之光，藉著眼前之物而映照在我們的眼前。不僅如此，因著光明在心靈內自動延伸的能力，整個聖子也一併痊癒了，因為上主之子共享同一心靈。

耶穌繼續鼓勵我們今天一整天活出這一觀念：

(4:2~4) **願這事不致誘使我向外尋求我的救恩。**

我不會讓此事干擾我對救恩源頭的覺知。

這事沒有阻擋我得救的能力。

換句話說，世界能否奪走我們的平安，端視**自己的**選擇，因為世界本身以及世間萬物全是夢幻泡影，也全都一無所能。只有我們能奪走自己的平安，然後又把這個能力投射給世界。由於只有心靈抵制得了耶穌的平安，故他藉著練習提醒我們切莫陷入小我的誘惑，因為那會讓我們活得很不快樂。耶穌教導我們如何把視線從世界移開而轉向心內，其實就是把世界預設的目的由罪咎轉向救恩。唯有如此，才表示我們真正決心要憶起生命之源及自性了。

第八十六課

今天要複習的觀念是：

(1:1) (71) 只有上主的救恩計畫才有成功的可能。

　　只有上主的救恩計畫才有成功的可能，沒有任何其他的計畫救得了我們，因為它們全都在心外下功夫，只會把我們的焦點從心靈轉移出去，與問題的起源隔離起來，自然也跟救恩的源頭永遠隔絕了。這種「救恩」計畫，必然註定失敗。

(1:2~3) 我實在沒有理由倉皇失措地四處尋找救恩。我曾在許多人與許多事上誤以為看到了救恩；但我一靠近，它就幻滅了。

　　我們盲目聽從小我「去找，但不要找到」的策略，以至於天涯海角踏破鐵鞋，苦苦尋找救恩，最後總是空手而返。比如說，我們的特殊關係就是救恩的一大偶像，但它註定是失敗的，只因小我存心用它來取代真正的救恩。說得更透徹一點，

小我打造特殊關係的目的，就是為了讓我們永遠陷於失心之境，再也施展不出心靈的力量，無法重新選擇救恩（salvation）來取代奴役（slavation）了。

(1:4~5) 我誤判了救恩所在之處。也誤解了它的真相。

這兩句話正是針對特殊關係而說的。耶穌要我們寬恕自己的特殊性癮頭，與他一起正視自己是如何無所不用其極地追逐外在的幸福，從而看出其中的瘋狂。唯有如此，我們才可能真正了悟：追逐特殊性的人生是如此的虛幻，註定徒勞無功；向外追尋，永遠找不到平安與愛。下面引用〈正文〉「不待外求」的一段話，短短幾句道盡了追逐特殊性偶像的「絕望」，以及唯獨尋求上主所帶來的「希望」：

> 偶像豈能取代上主的地位？讓祂幫你憶起祂對你的愛吧！別讓你向自己的偶像所吟誦的絕望咒音淹沒了上主的天音。別再設法由天父之外尋找出路了。你不可能在絕望之地找到幸福的希望的。（T-29.VII.10:4~7）

但請記得，每當我們正視自己愚昧地追逐偶像，這種時候，切莫批判自己。如此，我們才有餘力作出「以救恩取代特殊性」的選擇。

(1:6~8) 我再也不作無謂的追尋了。只有上主的救恩計畫才有成功的可能。我為此而感到欣慰，因為祂的計畫是不可能失敗的。

　　我們終於恢復了神智的清明，發誓不再浪費時間去追尋那永遠也不可能達成的目標，只堅持追隨寬恕之路，因為唯有它能領我們回家。這一選擇，不僅會幫我們找回救恩，還會尋獲生命的喜悅。

　　讓我們一起看看第一句練習語：

(2:2) 上主的救恩計畫會將我由這一看法中拯救出來。

　　不論句中的「這」字指的是什麼，它都救不了我們。也就是說，我們無需由任何的處境解脫，只要從我對這事的看法中脫身就夠了。「上主的救恩計畫會將我由這一看法中拯救出來」，這句話說得相當具體明白。每當我快被某事激怒時，只需了解自己的怒氣純粹源自我對此事的看法，而不是來自這件事本身。耶穌要我們處處留意，我究竟是跟著哪一位老師去看的？是聖靈還是小我？我若發火了，無庸置疑，自己必然選擇了小我。所謂「上主的救恩計畫」，就是要我們改變自己的看法，講得更具體一點，就是換個老師。再說一次，如果我們對現況有所不滿，只要明白自己不過是選錯了老師，誤聽了它的詮釋，如此即可。

　　因此，也可以這麼說，上主的救恩計畫就是要我們選擇新的老師。只要透過祂的眼睛去看周遭的事物，自然明白這其實正是反觀自己內在心境的大好機會。想一想，如果沒有外在的假相來激怒我們的話，我們倒還沒機會反觀內心而認出自己的

投射呢！為此才說，特殊關係其實是我們的救主，讓我們有機會反觀內在的妄見。一旦領悟出問題原來出於自己心內，我們才有重新選擇的餘地。

(2:3) 這件事一定也在上主救我的計畫中。

寬恕的原則永遠無往不利，因為「奇蹟沒有難易之分」。只要甘心放下怨尤與罪咎，親自領受救贖，我們對於所有困境或苦難的看法必會隨之改變的。上主的救恩計畫單純無比，正因如此，它才能無堅不摧，無往不利。

(2:4) 願我在上主救恩計畫的光明下來看此事。

這句話表示我們選擇了以基督慧見取代小我的妄見。請注意耶穌語帶雙關的修辭藝術，「光明」一詞具有**雙重意涵**，它不只代表了慧見之明，也意味著一掃黑暗怨尤的光明。

(3:1) (72) 心懷怨尤，無異於打擊上主的救恩計畫。

耶穌又進一步為我們揭露了怨尤背後的動機。怨尤或憤怒的目的，就是要直接打擊上主的救贖計畫，因為救贖會把我們的焦點由外轉向內，只要一進入內心，充滿罪咎與攻擊的小我思想體系便自身難保了。

(3:2~4) 心懷怨尤，就是企圖證明上主的救恩計畫無效。其實，只有祂的計畫才有成功的可能。我若抓著怨尤不放，就無法意識到得救的唯一希望。

　　因此，願意為自己的痛苦負完全的責任，成了救恩唯一的希望；因為這些痛苦經歷不過反映出自己最初的選擇，就是相信我這罪孽深重的個體生命理當活得淒慘，飽受懲罰。為了擺脫這種痛苦，我竟想出一個瘋狂的手段，把罪咎投射到你身上，要你為它付出代價。為此之故，唯有回到內心的抉擇者那裡，修正這個錯誤的選擇，我才有得救的可能。反之，我若惱羞成怒，堅持自己生氣有理，等於再次聲明你我的身體真實不虛，罪咎也確有其事。更糟的是，我在意識層次會如此堅信不疑：「有罪之人絕不是我，也根本沒有心靈這玩意兒，所有的問題都發生在芸芸眾生的糾纏不清。」

　　我若能向耶穌坦承自己總覺得有問題，活得很不平安，我才可能接受他的教導，看出自己所厭惡的人就是自己想要切割出去的那一部分，自己真正嫌棄的，其實是自以為背棄了真愛而自知有罪的那個我。耶穌願我了解，我看此事的心態不外乎妄見或救恩兩種選項，他要我們明白，自己的所知所見就是這個選擇的結果，若非小我的怨尤，就是聖靈的奇蹟。如果我選擇小我，自然會在罪咎與攻擊的世界愈陷愈深；但我若選擇了聖靈，祂會將我領回心靈，也就是救恩所在之處。

(3:5~6) 我再也不願如此神智不清地打擊自己的利益了。我願接受上主的救恩計畫，幸福地活下去。

　　畢竟，過去錯誤的選擇讓我嚐盡了苦果，驅使我不得不放棄瘋狂的信念，不再相信「我知道什麼才是對自己有益的

事」。這時，我才願意承認：「為了自己的幸福，我不再堅持自己是對的。」（T-29.VII.1:9）甚至高聲歡呼：「謝天謝地！原來是我搞錯了。」（W-184.15:4）

這一領悟會幫我作出清明的選擇，並且開心地將下面的練習語具體套用在今天的經歷上，因為這攸關著自己的幸福：

(4:2~4) 眼前的事其實是要我在妄見與救恩之間作一選擇。

我若在此事上找到抱怨的理由，我就看不到自己得救的理由了。

這事是在呼求救恩，而非呼求攻擊。

現在，我終於明白了，自己一生的經歷，不論過去、現在或未來可能發生的事，不過是給我一個機會，選擇另一種看待事物的眼光而已。我的問題全都屬於**知見**層次，這些知見全都來自我的**思想**，而我的思維方式又取決於心靈究竟要選擇小我還是聖靈的那個**決定**。唯有選擇寬恕的正念，才化解得了小我的思維，就是這類小我思維引發了我那充滿怨尤與攻擊的妄見。如今，我已下定決心選擇幸福，終於能在萬事萬物看到寬恕與救恩。然而，我若還想繼續承受罪咎之苦，便會找盡理由繼續怨天尤人。耶穌說過，幸好我們不再像以前那般神智失常了！（T-16.VI.8:8）終有一天，我會停止攻擊而尋求救恩的。

最後還要澄清一點，救恩的真義並不是我拯救了你或擺脫

某一困境，更不是拯救我自己，我只是**改變自己的想法**，拯救了我心目中那個困境而已。不論我們遭遇什麼處境，都要致力於這種內在的轉變。可還記得這句奇蹟名言：「不要設法去改變世界，而應決心改變你對世界的看法。」（T-21.in.1:7）

第八十七課

今天要複習的觀念如下：

(1:1) (73) 我願光明出現。

這句話直指我們心靈重新選擇的能力，要我們捨棄攻擊的黑暗而選擇寬恕的光明。

(1:2~3) 今天我要善用自己的意志力。我再也不願在黑暗中摸索，在陰影下戰慄，害怕那些既看不見且虛幻不實的東西了。

這幾句話將小我的願望與聖靈的旨意作了一番對比。如今，在正念的啟發下，我終於能夠發揮自己的抉擇能力了。儘管內心仍有一部分想要追逐黑暗，但我的意志始終與上主旨意一致，還有聖靈為我護守著。小我跟我說，追求個體生命是我自己的願望，絕口不提這其實是它的私願。殊不知，這一決定已陷我於分裂與恐懼的黑暗小我思維，最後打造了一個黑暗的物質世界，同樣的充滿分裂與恐懼。故本課直接呼籲我們轉變

眼光，發揮心靈的能力（即「自己的意志力」），重新選擇。

(1:4~6) **今天，我將以光明為嚮導。我願跟隨它的指引，亦步亦趨，只著眼於它要我看見之事。今天我願感受一下真實知見所帶來的平安。**

　　我們藉著每天的練習，快樂地接受耶穌光明智慧的指引，透過他毫無批判的寬恕之眼與平安的心，去看待這個世界。縱然肉眼所見仍舊不變，但「眼光」已經不同了，我們終於能看出，它們不是愛的呼求就是愛的流露。小我的眼光恰恰相反，始終落在罪咎以及應得的懲罰上頭，這種知見不可能不引發內心衝突和恐懼的。唯有耶穌的正知見以及寬恕的眼光才能帶給人平安，正如同使徒保羅所說的「出人意外的平安」（腓立比書 4:7）。

　　現在，開始今天的具體操練：

(2:2) 這事遮蔽不了我願看見的光明。

　　面對眼前這個籠罩在小我罪咎與判斷下的陰暗世界，我們心裡清清楚楚，它遮蔽不了寬恕的光明；那光明始終都在心裡，只是我的心靈決心視而無睹而已。也就是說，除了我的心靈以外，世間沒有任何力量遮蔽得了那個光明。然而，在充滿死亡魅影的瘋狂夢境裡，縱然光明在心中輝煌燦爛，照映出的萬物也全都熠熠生輝，但我們仍有視而不見的「本事」。如今，我們終於下定決心接受身邊的光明見證，並且認出那是自

己本有的光明。至此，我們方能向自己愛恨交織的特殊對象說出下面的話：

(2:3)（人名），你與我同在光明之中。

此刻，我邀請自己恨之入骨的人，一起從死亡夢境醒來。如此心悅誠服的呼求只有一個先決條件：我必須勇於揭穿小我的每一個騙局，這才表示我真心接受耶穌的真理，他始終耐心地在我心裡等待著我的回應。

(2:4) 在光明中，這事會顯得很不一樣。

耶穌在第一百九十三課說過這一句話：「寬恕吧！你對這事就會有不同的看法。」（W-193.3:7）當我透過耶穌的眼睛去看時，外在的景象未必改變，真正改變的，唯有我的看法而已。我不再用眼前事物來證明「耶穌那一套錯了，我的看法才對」，或者「外在的差異絕對是真的，而且有罪的是你不是我」。反之，我會清楚地看到我們兩人其實共享同一人生目的，就是從夢中覺醒。再說一次，這種轉變與外在表相毫無關聯，完全屬於內心的變化。

(3:1) (74) 除了上主的旨意以外，沒有其他的旨意存在。

(3:2) 今天我很安全，因為除了上主的旨意以外，沒有其他的旨意存在。

小我則有另一套說法：「我們一點也不安全，因為除了上

主旨意，**還有**其他的旨意存在。」這分明就是小我的意旨，但這根本稱不上是一種意旨，只是存心跟上主旨意作對，老想與祂分道揚鑣的一個幻想而已。不幸的是，我們竟以為這一企圖已經得逞了。只要我們堅信「罪咎理當受罰」這個小我原則，心裡必會忐忑不安，最後不得不投射到世界上，難怪世界顯得草木皆兵，自己也活得戰戰兢兢。比方說，人們常常會互相告誡：「凡事小心點，一不留神我們就小命難保；沒吃對食物，身體就會垮掉；遇人不淑，性格或個性就會凋萎；我們永遠不可能活得安全無虞。」然而，耶穌在此卻說：「我們**安全得很**！因為這一切都不曾發生，夢中千秋永遠取代不了永恆的真相。」耶穌在〈正文〉曾借用《聖經》的十誡說了一句話：「除了上主，你不可朝拜其他神明。」（T-4.III.6:6）我們只要把句中的「神明」換成「旨意」，就變成了：「除了上主旨意，你不可接受其他旨意。」因為除了祂的以外，沒有其他旨意存在。這是我們可以高枕無憂的真正原因。

(3:3~4) 只有當我相信其他旨意時，我才會害怕。只有當我害怕時，我才會想要攻擊別人；也唯有當我生出攻擊之心時，我才可能相信自己的永恆保障受到了威脅。

　　我們一旦與小我的分裂體系認同，必然會落入罪咎與攻擊的思維。這個妄念作出的選擇，才是讓我們活得戰戰兢兢的根本原因。

(3:5~6) 今天我要認清，這一切從未發生過。我安全無虞，因為除了上主的旨意以外，沒有其他的旨意存在。

　　縱然耶穌並不指望我們真心相信這一說法，至少我們開始「有點兒」相信自己心裡確實有一部分知道「這一切從未發生過」。但在同時，我們非常害怕自己這一部分的心靈，因為它一浮現，特殊之我當下便瓦解了。

　　如果把「這一切從未發生過」套用在現實生活裡，即是：「你不曾傷害過我，真相是**我**傷害了自己。在表相的世界裡，你可能真的說了壞話、做了壞事，但我若發怒，背後必定有一個更深的隱衷：『我其實很希望你傷害我，這樣我就能定你的罪，而不必面對自己的罪了。』」有了這番領悟，我便能寬恕你，只因你根本**沒有**傷害過我。直到我登上了心靈的梯頂，方才大徹大悟：「一切原來只是黃粱一夢，什麼事也沒發生！」

　　下面三個練習語，全都指向上主的一體生命。

(4:2~4) 願我按照上主的旨意來看這一件事。
（人名），你是上主之子，這是上主的旨意，也是我的意願。
不論我對此事的看法如何，這也是上主對我的旨意的一部分。

　　如果我們能透過耶穌的寬恕之眼去看，不論是個人的生活或世界的集體命運，都能反映出上主的旨意。唯有這種基督慧

見才能把人間的知見統一起來，縱然小我對每一件事都有它自己的一套看法，然而在慧眼下，**每一件事**都離不開整個聖子奧體。既然幻相沒有程度之別，所有事件便成了同一回事，因為它們同時具備了妄念的分裂目的，以及正念的寬恕目的。這種目的上的一致性，將我們結合為一個共同生命體；不論在幻境中，或在實相裡，我們都不可分割，也不可能獨自置身於外。

第八十八課

今天我們要複習這些觀念：

(1:1) (75) 光明已經來臨了。

　　光明已經來臨，因為它始終在我們心內。下一句接著為我們透露了這句話的真章。

(1:2) 在選擇救恩、放棄攻擊之際，我不過是選擇去看清那就在眼前的真相而已。

　　「光明已經來臨」的道理盡在於此。正因為救贖之光始終在我們心內，當我們選擇它時，會覺得它好似進入心中，其實是我們進入它的光明。曾幾何時，我們選擇了小我的黑暗而遠離光明，如今，我們終於回頭了。既然進入光明代表救恩的來臨，那麼，遠離光明正是我們對上主的首度攻擊之最佳寫照；而現實生活的種種攻擊行為，都不過是那原始攻擊念頭投射到人間的破碎陰影而已。

(1:3~5) 救恩乃是一個已經完成的決定。你並沒有選擇攻擊及怨尤的餘地。為此之故，我總是在真相與幻相之間、存在與不存在之間作選擇。

在夢境裡，我們相信自己有選擇攻擊和怨尤的自由；但真相是，無論我們選擇了什麼，也全都是虛無，因為小我思想體系根本就不存在。這一小節點出我們堅信自己具有選擇幻相的能力。事實上，人間唯一有意義的選擇，就是解除自己對那根本不存在的幻相之信念。

(1:6~8) 光明已經來臨了。我只能選擇光明，因為沒有其他的選擇餘地。光明已經取代了黑暗，黑暗業已一逝不返。

唯有選擇光明，我們才會看清黑暗並不存在；反之，只有在虛妄的夢中，我們才會對分裂與攻擊的黑暗世界如此當真。一旦牽起耶穌的手，步上覺醒之路，黑暗便瞬間消失了，我們這才欣然了悟，原來根本沒有黑暗這一回事。

下面三個練習語所著力的正是這一選擇：

> **(2:2~4) 這事無法讓我看到黑暗，因為光明已經來臨了。**
>
> **（人名），我只願看見你內在的光明。**
>
> **我只願在這事上看見真正存在之物。**

每當我們落入小我充滿罪咎、判斷、仇恨、報應及恐懼的

陰暗世界，處處受到特殊性的知見挑戰時，務必記得請耶穌教我們以不同的眼光去看眼前的問題。在他的慧見下，我們明白了：**所有的人**不是在表達愛就是向愛求助，**所有的人**都具有小我的瘋狂怨恨，也具有聖靈的清明寬恕，祂的寬恕成了天堂光明。這光明來自上主之子內在的同一性，如今，唯有在他人身上看到這一光明，才表示我們真心想在自己心內也看到同一光明。

(3:1) (76) **我只受上主天律的管轄。**

我們在第七十六課曾經詳盡解說這個觀點，此刻只是稍加複習一下。

(3:2~3) **這是我最完美的自由宣言。我只受上主天律的管轄。**

這句話和「除了上主的旨意以外，沒有其他的旨意存在」可說異曲同工。只因我先與小我認同了，物質世界的自然律或心理上的因果律才控制得了我們。換句話說，當我決心活成一個與眾不同的個體生命，自甘奉小我的指示為圭臬，這時，我們必然受制於它的運作法則。反之，我們若拜耶穌為師，將自己提昇到戰場之上或夢境之外，那麼，世間源自妄心妄念的那套自然律便對我們一無所能，我們就自由了。

(3:4~6) **我一直設法捏造其他的人生法則，還賦予它們反制我的力量。我之所以受苦，只因我相信它們。其實它們對我一點作用都沒有。**

切勿對這幾句話掉以輕心。隨意舉一些例子，就知道我們如此相信身體的法則。比方說，我若喝了有毒的飲料，吃了有害的食物，或是遭受病毒感染，我便會不舒服甚至一病不起，表示我們相信病痛全是因為受到外在毒物的侵害或病毒的感染。其實真相是，我們先相信了這些法則，才會受疾病所苦。即便如此，耶穌也絕不要我們因身體的病痛而內疚，他只希望我們逐漸意識到真正的苦因；源頭絕不在身體或外在事物，而是由於心靈決定與這個體生命認同，因而拒絕了基督自性。從此，我們耽溺於恨的遊戲法則，而且怨得理直氣壯。然則，是這個分裂的決定，經過「投射」的推波助瀾，才衍生出一個苦海無邊的世界。

(3:7~8) 除了上主的天律以外，我完全不受任何法則或定律的控制。祂的天律才是自由之律。

換句話說，只要真心追隨耶穌的教導，遲早會明白，唯有上主的天律永遠顛撲不破。若說天心之外，別無生命，那麼天律之外也沒有任何法則左右得了我們。除非我們甘受自然律的擺布，否則它對我們一無所能。總之，我們自由與否，全看我們是否真心想要自由，也就是自己是否只願接受天律的管轄。

讓我們來看看下面三個練習語：

> **(4:2~4) 我對此事的看法，顯示我相信那並不存在的法則。**

在此事上，我只看到上主的天律在運作。
我願上主的天律（而非我自己的原則）
運作於此。

　　不論我們在外面看到什麼，都表示自己早已相信了小我那
「並不存在的法則」。為此，每天的必修功課就是誠實看清小
我特殊性與個別利益眼中的世界，它處處反映出分裂的運作原
則。唯有先意識到這個錯誤的知見，我們才可能真心接受聖靈
的修正。這位新老師自會溫柔地指點我們如何寬恕，因為寬恕
乃是愛之天律在人間的倒影。不論自己陷於何種處境，也不論
目前的關係帶給自己多大的痛苦或快慰，只要懂得把它轉為學
習的道場，徹底明白個別利益只會導向地獄，唯有共同的目標
才能將我們領回天堂，那麼，我就會在每件事上看到上主天律
的倒影；而這充滿了愛與生命的上主天律，就是天堂，我們不
曾離開片刻的家鄉。

第八十九課

今天我們要複習這些觀念：

本課及下一課，非常具體地切入奇蹟的內涵。

(1:1) (77) 奇蹟是我的天賦權利。

這句話可說直接對小我信念痛下針砭。因為小我認定我們理當受罰而且罪有應得；聖靈卻告訴我們，奇蹟才是我們的天賦權利，它讓我們受盡恐懼折磨的心靈得到了愛的修正。

(1:2~3) 奇蹟是我的天賦權利，因為我只受上主天律的約束。祂的天律將我由一切怨尤中解放出來，且用奇蹟取而代之。

在我的夢境裡，救贖原則是上主天律的倒影；但在天堂裡，上主天律和一體聖愛是同一回事。它反映在人間，則是「分裂不曾發生過」那個救贖之念；唯有徹底明白自己想歸罪他人而緊抓不捨的怨尤同樣也「不曾發生過」，才表示我們已經接受天律的管轄。如此一來，弟兄在我們眼中所犯的「罪

行」自然影響不到我們。只要真心以耶穌為師，接受奇蹟的修正，我們遲早會領悟到：自己對他人的不滿，暗地裡其實是存心傷害自己。縱然如此，也傷害不了我們的生命實相。

(1:4~5) 我願接受奇蹟來取代怨尤；那些怨尤不過是遮掩奇蹟的幻相罷了。此刻，我只願接受上主的天律所賦予我的一切，如此，我才能將它發揮在祂賦予我的任務上。

我們之所以抓著怨尤不放，追根究柢，原來我們是害怕面對心靈深處的真愛；因為真愛一現身，特殊的自我就無處藏身了。這一觀念，不論強調多少次都不為過。簡言之，我們的怨尤是有目的的，除非撤換目的，選擇覺醒，不再昏睡，否則內在的怨尤便會一直作祟下去。即使我們意識不到它的存在，它仍在潛意識的罪咎密室裡伺機作祟。我們一旦捨棄上主的天律以及它反映在聖靈奇蹟的倒影，而採信了小我的罪咎法則及投射伎倆，此生便與寬恕任務絕緣了。

今天的操練方式直接反映出本課的教誨主旨：

> **(2:2~4) 在這件事的後面，藏有天賦予我的奇蹟。**
> **（人名），願我不再懷著怨尤與你作對，**
> **我願向你獻上那原屬於你的奇蹟。**
> **只要看得真切，這件事就會帶給我奇蹟。**

我們在此又看到了耶穌教誨的單純性，既無複雜的練習、

繁瑣的儀式,也沒有深奧的形上理論或神學,我們只需要在耶穌溫柔的陪伴下,誠實地反照,看清自己的判斷是如何將內心渴望的平安推出身外的。今天,每一件事都給我們一個寬恕自己的機會來選擇奇蹟,放下怨尤。耶穌的正知見,乃是我們與生俱來的基督慧見,始終等著我們開口,等著我們接受。也許就是今天了。

(3:1~2) (78) 願奇蹟取代所有的怨尤。
我的意願透過這個觀念而與聖靈的旨意結合了,並已看出它們原是一個。

可還記得,分裂僅始於一念,我們曾死守著那小小瘋狂一念,拒絕接受聖靈的詮釋。自那一刻起,我不只向上主宣告了獨立,同時也與聖靈分道揚鑣,因為我自以為比祂更知道這是怎麼一回事。事實擺在眼前,我的個體存在千真萬確,足以證明自己確實完成了一個不可能的任務,可見我的想法才是對的,錯的是祂。不說自明,「我才是對的」這種傲慢心態早已滲透到現實生活每一具體事件中了。直到有一天,我們終於承認「我是對的」這種堅持完全給不了自己一點幸福,才會開始探詢「另一條路」。這一探詢會把我們領回心靈的抉擇者那一部分,給我們一個機會,放下自己一貫的傲慢與偏見,重新以聖靈的慧眼去看待眼前的種種,並且深深領悟到,原來承認自己看錯了才有幸福可言。最後,我們終會接受這一事實:追逐個別利益是一切痛苦的根源;若想在這充滿痛苦及死亡的世界

活得幸福平安，唯有接受上主之子的共同福祉，此外沒有其他
的途徑。

**(3:3~4) 透過這個觀念，我才能夠由地獄中脫身。透過這個觀
念，我表達出自己甘願接受上主為我設定的救恩計畫，以真相
來取代自己的種種幻覺。**

　　選擇寬恕，不再定人的罪；著眼於我們內在的同一性，不
再相信充滿分別取捨的小我幻境。這一選擇，足以表示我決心
和整個聖子奧體一起由地獄脫身，回歸上主的造化（基督自
性）那兒。

　　下面幾句話顯然是要我們下定決心，不再追逐特殊性了。

**(3:5~6) 我不再設定任何例外，也不稀罕任何替代它的贗品。
我要的是天堂的全部，而且唯獨天堂而已，這才是上主願我擁
有的。**

　　我再也不想打造任何東西來取代耶穌的愛了，因為那無異
於聲明，他的愛還不夠，我需要另一個人的關愛及付出。或者
說，明明一肚子氣，還找盡理由抱怨時，我也不必自欺，硬
說自己活得很幸福。現在我真的明白了，這些神智失常的反應
絕不會帶來平安的。平安只可能來自一途，即憶起聖子的一體
生命，並且知道那看似支離破碎的聖子，實質上毫無不同。我
們現在終於痛定思痛，決心認清「聖子共具同一正念和同一妄
念，也共同擁有天堂的一體大愛」，因為這是我們唯一想要學

習看清的，今天才會高高興興地說出下面的練習語：

> **(4:2~4) 我不願在我的救恩之外還抓著這個怨尤
> 不放。**
> **（人名），讓奇蹟取代我們的怨尤吧。**
> **這事背後即是奇蹟，它足以取代我所有的怨尤。**

　　每當我們被世間瑣事激怒時，就表示內在的怨尤又被勾引出來了，這種時候，耶穌只要我們明白，這樣的反應絕不會帶來幸福的。但只要我們接受奇蹟的修正，所有的辛酸委屈都會被感恩及希望的淚水取代。奇蹟一旦取代了所有的怨尤，喜悅的淚水必會為我們洗盡一切痛苦的。只要奇蹟在望，誰還稀罕其他的東西？

第九十課

我們要複習下面幾個觀念：

這兩課複習是針對前後呼應的兩個主題：一個問題，一個解答。

(1:1) (79) **願我認出問題，以便對症下藥。**

一言以蔽之，這個「問題」就是「怨尤」，它也只有一個解答，便是「奇蹟」。難怪耶穌會問：「還有比這更簡單的事嗎？」

(1:2~3) **今天我願明白，所有的問題不過顯示了我仍緊抓著某種怨尤不放。我也願了解，解決辦法就是讓奇蹟來取代我的怨尤。**

這一段話呼應了聖靈的第一條奇蹟原則「奇蹟沒有難易之分」（T-1.I.1:1），一句話就瓦解了小我第一條無明法則「幻相有層次之分」（T-23.II.2:3）。世間所有的問題，不論表面上看

來多麼不同，最後都可歸納為一個「怨」——「如果你不是這樣的話，我就會快樂一點」，諸如此類。而這個怨，也只有寬恕的奇蹟才化解得了，因為問題既然出自我投射的罪咎，故也唯有心甘情願地收回投射，罪咎方有化解的機會。

(1:4~6) **今天，我願反覆練習「只有一個問題，也只有一種解決辦法」這個觀念，才可能回憶起救恩的單純性。問題就在「怨尤」，解決辦法就是「奇蹟」。我若有心解決問題，只須寬恕我的怨尤，並樂於以奇蹟取代，就成了。**

　　這兩課可說是為整個複習二拍板結案，因為它們說得不能再清楚了：我們每天經歷的每個問題，都不外乎某種形式的攻擊或埋怨（不論我們是否意識到）；而能令我們快快樂樂地憶起此生任務的辦法，唯有放下攻擊。只要接受耶穌的教導，看出錯在自己，只因自己的評估徹底錯誤，那麼，所有的怨尤自然煙消雲散。為此，讓我重述一次〈正文〉最後一章「最終的慧見」的主旨：一個問題，一個解答；一個怨尤，一個奇蹟。我們終於看清也接受了救恩的單純性；唯有如此，我們才會真心說出下面的第一句練習語：

　　　　(2:2) **這件事顯示出我一直想要解決的問題。**

　　我們所看到的問題和自己找出的解答一樣的虛幻，儘管這一「解決方案」可能解除得了某種症狀，卻化解不了問題的癥結，也就是我們對自己以及對上主根深柢固的怨。因此，我們

若想活得平安自在，必須請教耶穌如何重新去看問題，逐漸明白自己在這人或這事所看到的不過反映出自己企圖將愛驅逐於心外的那個決定。每個人呈現的具體**形式**容或不同，但**內涵**則毫無差異。問題只有一個，即是我們存心自絕於上主之愛的那個選擇；答案也只有一個，即是決心回歸我們從未真正離開的真愛。這是我們今天選擇奇蹟的方式：

> **(2:3~4)隱藏在這怨尤之後的奇蹟，會為我解**
> **決這個問題。**
> **這個問題的答覆，正隱藏在它後面的奇蹟內。**

如果我們無法越過問題表相而選擇真正的答案，表示我們存心抵制這一選擇，只因我們捨不得放掉問題，因為放掉問題等於「放掉」自己的特殊身分。唯有看清自己是如何死抓著這一幻相也不惜放棄所有幸福的機會，我們才會生出壯士斷腕的決心而選擇奇蹟的。

(3:1) (80)願我認清自己的問題已經解決了。

(3:2~3)我好像有很多的問題，只因我誤解了時間。我相信問題出現在先，它需要一段時間才可能解決。

從小我的立場來看，這個觀點好似天經地義。請記得，耶穌絕不是說，我們不該努力解決世上的問題。他的重點是：如果問題的癥結在怨尤，而怨尤的目的又在於遮掩罪咎，試問，化解罪咎需要多長的時間？就在當下此刻！

你目前只剩下一個問題了，即是從你寬恕了弟兄到你因信任弟兄而獲益之間，你會看到一段青黃不接的過渡期。……救恩其實近在眼前。（T-26.VIII.1:1; 3:1）

耶穌所說的，並不是解決人間某個問題，或執行某項計畫，這些事當然需要時間，就連海倫筆錄《奇蹟課程》都得耗時七年之久。耶穌指的是心靈層次的修正，用寬恕解除罪咎，奇蹟化解怨尤；它只可能發生於當下。

再說一次，耶穌並非勸我們忽視人間事物，他用意是在提醒我們，問題不在外邊，而在於心靈企圖驅逐真愛的那個決定。我們被叛逆真愛的罪咎搞得悔恨交加，這才是一切痛苦的肇因，而這個問題其實是「當下」就能解除的。我們只需聽從耶穌的勸慰：「讓我的愛回到你心中吧！坦白承認你所犯的錯誤。讓我親口告訴你，那根本不是什麼罪，只是恐懼的一個反應而已，你只需要接受愛的提醒：『跟我一起活吧！會比你孤軍奮鬥好過得多』。」如此，帶來的療癒必是瞬間之事，根本不需要時間！〈正文〉也說過：

完成整個修正任務其實無需任何時間。但接受修正的這段時間卻給人永不見天日之感。（T-26.VIII.6:1~2）

難怪耶穌在第一百八十八課反問我們：「你為什麼還在等待天堂？」（W-188.1:1）

(3:4~5) 我看不出問題與答覆是同時出現的。那是因為我尚未明

白，上主早已把答覆與問題同置一處了，時間是無法將它們分開的。

回想一下我們前面討論過的時間觀念，它不過是小我罪咎懼所投射出來的一種形式，構成了人間「過去、現在與未來」的線性時間觀。然而，分裂的問題及救贖之答案，兩者皆存在於「非時空」的心靈層次。由此可知，修正妄念所作的錯誤決定，根本不需要時間，只因問題和答案已然投射到時空世界，我們才需要百千萬劫方能得救。我們再次看到救恩的關鍵就繫於「逆轉投射」，憑靠的是那陷於時空的心靈再度發揮重新選擇的能力。

(3:6~7) 只要我願意，聖靈就會教我看清這一真相。我便明瞭，我不可能有任何解決不了的問題的。

問題是，**我們並不真心樂意接受聖靈的教誨**，因為我們害怕失落自己的個體身分。分裂問題一旦解決，等於為小我敲起喪鐘。當我們認為自己就是這個生理／心理之我時，必已認同了小我整套的思想體系，如此一來，豈不是也敲了我自己的喪鐘？試問，有誰會心甘情願結束自己的生命？為此，如果我們想從認同小我轉向認同聖靈，在時空幻境裡確實需要相當的時間。但首要之務，我們必須先放下那個一肚子怨氣又深懷內疚的我，轉而認同充滿寬恕又平安自在的那個我——這就是奇蹟，它為我們開啟了幸福的夢境，慢慢地，溫柔地，非常有耐心地走在覺醒之路，最後悟入真實自性，也就是上主的一體生

命。唯有如此，才表示我們真正接受了唯一問題的唯一答案。其實，那問題早已解決了。

下面這三個練習語，將我們的心靈旅程向前推進一大步：

(4:2~4) 我無需等待這事的解決。

只要我願意接受那答案，這問題就已解決了。

時間無法把這問題及它的答案分割為兩回事。

外在層面的問題也許還得等上一段時日才能解決，但內心的問題，也是我們唯一的問題，它當下就解決了，因為平安一直在那兒等著我們接受它。引領我們脫離人生苦海的救恩始終在我們心內，因為那是**上主安置於此**的。罪咎的問題早就被平安取而代之了。若要了解耶穌這一無上的教誨，我們必須把目光從紛紜萬象收回，定焦於一切問題及其答案所在之處──心靈。這正是耶穌對我們唯一的要求。

奇蹟資訊中心
出版系列：

《奇蹟課程》
（A Course in Miracles）── 新譯本

　　《奇蹟課程》是二十一世紀的心靈學寶典，更是近年來各種心理工作坊或勵志學派的靈感泉源。中文版已在 1999 年由若水譯出，並由作者海倫‧舒曼博士所委託的「心靈平安基金會」出版。

　　新譯本乃是根據「心靈平安基金會」2007年所出版的「全集」，也是原譯者若水在「教」「學」本課程十年之後再次出發的精心譯作。全書分為三冊：第一冊：〈正文〉；第二冊：〈學員練習手冊〉；第三冊：〈教師指南〉、〈詞彙解析〉以及〈補編〉的「心理治療」與「頌禱」二文。新譯本網羅了《奇蹟課程》所有的正式文獻，使奇蹟讀者從此再無滄海遺珠之憾。（全書三冊長達 1385 頁）

《奇蹟課程》
〈學員練習手冊〉新譯本隨身卡

　　《奇蹟課程》第二冊〈學員練習手冊〉共三百六十五課，一日一課地，在力求具體的操練中，轉變讀者看事情的眼光，解開鬱積的心結。

　　若水由十餘年的奇蹟課程教學譯審經驗出發，全面重譯這部曠世經典。新譯版一本經典原文的精確度，語意更為清晰，文句更加流暢。精煉再三的新譯文，吟誦之，琅琅上口，饒富深意，猶如親聆J兄溫柔明晰的論述，每天化解一個心結，同享奇蹟。

　　為方便現代人在忙碌生活中操練每日一課，經三修三校的重譯版，首度以隨身卡形式發行，以頂級銅西卡精印，紙版尺寸 8.5 × 12.6 公分，另有壓克力卡片座供選購。（全套卡片共 250 張）

奇蹟課程導讀與教學系列

　　《奇蹟課程》雖是一部自修性的課程，只因它的理論架構博大精深，讀者常易斷章取義而錯失精髓，故奇蹟資訊中心陸續推出若水的導讀系列、米勒導讀，以及一階理論基礎及二階自我療癒DVD、其他演講錄音或錄影教材，幫助讀者逐漸深入這部自成一家之言的思想體系。

若水導讀系列

（一）《創造奇蹟的課程》（全書 272 頁）
（二）《生命的另類對話》（全書 272 頁）
（三）《從佛陀到耶穌》（全書 224 頁）

　　若水在這三冊中，解說《奇蹟課程》的來龍去脈與理論架構，透過問答的形式，說明崇高的寬恕理念如何落實於生活中；最後透過《奇蹟課程》的理念，闡釋佛陀和耶穌這兩位東西方信仰系統的象徵，在實相裡並無界域之別，而只有人心的「小我分裂」與「大我一體」的天壤之隔。

米勒導讀

《奇蹟半生緣》

　　一位慧心獨具卻不得志的記者，三十多歲便受盡「慢性疲勞症候群」的折磨，群醫束手無策，他在走投無路之下，不禁自問：「究竟是誰把我這一生搞得這麼慘？」

　　《奇蹟課程》讓他看到，自己竟是一切問題的始作俑者。他對這一答覆百般抗拒，直到有位心理治療師對他說：「恭喜你！你若讀得下這本書，大概就不需要心理治療了！」

　　《奇蹟半生緣》全書穿插作者派屈克‧米勒浮沉人生苦海的經歷，但他並不因此獨尊自身的經驗和詮釋，而以記者客觀實証的精神，遍訪散居全美各地的奇蹟講師與學員，甚至傾聽圈外人的質疑。本書可說是一部美國奇蹟團體的成長紀實。（全書 319 頁）

奇蹟課程有聲教學教材

　　奇蹟資訊中心歷年發行《奇蹟課程》譯者若水的演講錄音或錄影光碟，將《奇蹟課

程》的抽象理念與現實生活銜接起來，幫助讀者了解《奇蹟課程》的精髓所在，是奇蹟學員不可或缺的有聲輔讀教材，由於教材內容每年不盡相同，欲知詳情，請上網查詢。
www.acimtaiwan.info 奇蹟課程中文網站
www.qikc.org 奇蹟課程中文部簡体網

肯恩實修系列

《奇蹟原則50》

許多讀者久仰《奇蹟課程》之盛名，興沖沖地讀完短短的導言後，就怔忡在一條一條有如天書的「奇蹟原則」之前。讀了後句忘前句，「奇蹟」的概念好似漂浮在字裡行間，始終無法在腦海中落腳，以至於閱讀了一兩頁之後便後繼無力，難以終篇，竟至棄書而逃。

「奇蹟原則」前後五十條，其實是整部課程的濃縮，若無明師指點，讀者通常都不得其門而入。於今多虧奇蹟泰斗肯尼斯旁徵博引，以深入淺出而又幽默的答問形式，將寬恕與奇蹟的精神落實於生活中，為初學者乃至資深學員提供了一個實修的指標。（全書209頁）

《終結對愛的抗拒》

追尋心靈成長的人，學到某個階段往往面臨一個瓶頸：儘管修習多年，一遇到某種挑戰，就不自覺地掉回原地，因而自責不已。問題到底出在哪裡？

佛洛依德在他的臨床經驗中，驚異地發現，病人的潛意識中有「拒絕療癒」的本能，肯尼斯根據《奇蹟課程》的觀點，犀利地剖析人們「拒絕療癒或轉變」的原因，又仁慈地為讀者指出穿越小我迷霧的關鍵，由停滯不前的窘境中突圍。對於追尋心靈成長和平安的人而言，本書不但有提點指授的功效，更有當頭棒喝的力道。（全書109頁）

《親子關係》

坊間論及親子問題的書籍可謂汗牛充棟，泰半繞在親子關係複雜且微妙的糾結情懷，唯獨肯尼斯‧霍布尼克不受表象所惑，借用《奇蹟課程》的透視鏡，澈照出親子之間愛恨交織的真正關鍵。

本書表面上好似在答覆「如何教養子女」、「如何對待成年子女」以及「如何照顧年邁雙親」等具體問題，它其實是為每一個人點出我們在由「身為兒女」，到「照顧兒女」，繼而「照顧雙親」的艱苦過程，以及我們轉變知見時必然經歷的脫胎換骨之痛。（全書238頁）

《性‧金錢‧暴食症》

在紛紜萬象的世界裡，性、金錢與食物可說是人生問題的「重頭戲」，最易牽動小我的防衛機制，故也最具爭議性。作者肯恩沿用《奇蹟課程》中「形式與內涵」的層次觀念，針對性、金錢等等所引發的光怪陸離現象（形式），揭露它們背後一貫的目的（內涵）── 小我企圖藉無止盡的生理需求，抹滅心靈的存在，加深孤立、匱乏、分裂等受害感，最後連吃飯、賺錢與性交都可能變成一種攻擊的武器。

肯恩與學員的趣味問答，反映出我們日常是如何受制於這些生理需求的；然而，我們也能藉聖靈之助，將現實挑戰化為人生教室，將小我怨天尤人的陰謀，轉為寬恕與結合的工具。（全書196頁）

《仁慈──療癒的力量》

這是一部針對奇蹟教師及資深奇蹟學員的實修指南。全書分上下兩篇，上篇列舉奇蹟學員常有的現象，例如以奇蹟之名攻擊他人，或以善意為由掩蓋自己批判的心態；下篇探討如何用仁慈的眼光來看待自己與他人的缺陷，教我們將自身的限制或缺陷轉為此生的「特殊任務」，在人間活出寬恕的見證，成為聖靈推恩的管道。（全書251頁）

《逃避真愛》

本書是針對道理全懂卻難以突破的資深學員而寫的，它一針見血地指出，綑綁我們修行腳步的，不是世界的黑暗，也非人間的牽絆，而是自己打造出來的一道心牆。

只因我們深怕真愛會消融了自己的特殊性，故把心靈最深的渴望隱藏到心牆之後，與之「解離」，在人間展開一場虛虛實實又自相矛盾的追尋。一邊痛恨小我的束縛，一邊又忙著為小我說項；以至於內心有某部分奮力向前，另一部分則寧可原地觀望。藉著裝傻、扭曲、辯駁，把回歸真愛的單純選擇

渲染成複雜又艱深的學問。

《逃避真愛》溫柔地解除了人心無需有的恐懼，讓我們明白心牆的「不必要」，陪伴我們無咎無懼地跨越過去。（全書156頁）

《假如二二得五》

從古至今，多少人心懷救苦救難的大志，傾注一生之力實徹自身理想，卻往往受現實所圍而終不能及。我們這些凡夫俗子，亦不乏拼搏自救之心，然而在現實面前，還是屢屢敗陣，活得憋屈而無奈。問題究竟出在哪裡？

對此，本書剴切提出：整個世界其實一直按照 $2+2=4$ 的「鐵律」來運作，萬物循著固定的軌跡盈虧盛衰，一切可謂「命中註定」，無怪乎歷史上的種種救世之舉皆以失敗告終。然而，《奇蹟課程》識破世界的詭計，小我既然使出 $2+2=4$ 的苦肉計，它便祭出 $2+2=5$ 的救贖原則，破解小我編織的羅網，溫柔地引領我們走出世界的幻境。本書即是教導我們，如何在貌似 $2+2=4$ 的世界活出 $2+2=5$ 的生命氣象，而且更進一步，迎向天地間唯一真實的等式 $1+1=1$。（全書171頁）

肯恩《奇蹟課程釋義》系列

《奇蹟課程序言行旅》

如果說《奇蹟課程》是一首曠世交響曲，《序言》便奠定了整首樂曲的氣質與基調，不僅鋪敘出奇蹟交響樂的關鍵理念，還將讀者提升到奇蹟形上思想的高度和意境，堪稱《正文行旅》最佳的暖身之作。

肯恩有如一流的樂評家，領著讀者，在宏觀處，領受樂章磅礴的主旋律，在微觀處，諦聽暗藏其中的千百種變奏，致其廣大，盡其精微，深入課程之堂奧，回歸心靈之家園。（全書121頁）

《正文行旅》 （陸續出版中）

《奇蹟課程》在人類靈性進化史上的貢獻可謂史無前例，而《正文行旅》乃是《奇蹟課程釋義》三部曲的完結篇。肯恩由文學，詩體，音樂三重角度，依循各章節的主題，提供了「重點式」以及「全面性」的導

覽，幫助學員深入奇蹟三昧，沉浸於智慧與慈悲之海。

這部行旅可說是肯恩一生教學的智慧結晶，奇蹟學員浸潤日久，必會如他所願：奇蹟，發自心靈，必將流向心靈。（第一冊335頁）

《學員練習手冊行旅》 （陸續出版中）

整套《奇蹟課程釋義》的問世，可說是無心插柳。1998年起，肯恩應學生之請，為《學員練習手冊》做了一系列的講解，基金會將研習錄音增編彙整為逐句詮釋的〈練習手冊行旅〉。此案既定，〈正文行旅〉以及〈教師指南行旅〉應運而生，為奇蹟學員提供了最完整且精闢的修行指針，訂名為《奇蹟課程釋義》，幫助學員將〈正文〉理念架構所引伸出來的教誨，運用到現實生活中。這三部《行旅》，可說是所有路上奇蹟旅程的學員最貼心的夥伴。

《學員練習手冊行旅》的宗旨，乃是幫助奇蹟學員了解三百六十五課的深意，以及它們在整部課程中的作用。更重要的是，幫助學員將每日一課運用於現實生活中，否則《奇蹟課程》那些震古鑠今之言可謂枉費唇舌，徒然淪為一套了無生命的學說。（第一冊346頁）（第二冊292頁）（第三冊234頁）

其他出版品

《寬恕十二招》

《寬恕十二招》的作者保羅・費里尼，有鑒於人們的想法與情緒反應模式，早已定型僵化，成了一種「癮」，不是一朝一夕可以化解得掉的。因此，他將《奇蹟課程》的寬恕理念，分解為十二步驟，一步一步地引導我們超越自卑、自責以及過去的創痛，透過自我寬恕而領受天地的大愛。這是所有準備好負起自我治癒之責的人必讀的靈修教材，也是曠世靈修經典《奇蹟課程》的輔讀書籍。（全書110頁）

《無條件的愛》

作者保羅・費里尼繼《寬恕十二招》之後，另以老莊的散文筆法，細細描述我們每一個人心中都擁有的「無條件的愛」。他由大我的心境出發，以第一人稱的對話方式，

直接與讀者進行心與心的交流，喚醒我們心中沉睡已久的愛，開啟那已被遺忘的智慧。此書充滿了「醒人」的能量，是陪伴你走過人生挑戰的最好伙伴。（全書 215 頁）

《告別娑婆》

宇宙從哪兒來的？目的何在？我究竟是什麼？為什麼會在這裡？我要往哪裡去？我該怎麼活在這個世界裡？當你讀完本書，會有一種「千年暗室，一燈即亮」的領悟。

全書以睿智而風趣的對話談當今世局、原子彈爆炸，一直說到真愛、疾病、電視新聞、性問題與股價指數等等，讓我們對複雜詭異的人生百態，頓時生出「原來如此」的會心一笑。它說的雖全是真理，讀起來卻像讀小說一樣精彩有趣，難怪一問世便成了西方出版界的新寵。（全書 527 頁）

《一念之轉》

作者拜倫‧凱蒂曾受十餘年的憂鬱症所苦，一天早上，她突然覺悟了痛苦是如何形成又如何結束的。由此經驗中，她發明了四句問話的「轉念作業」（The Work），引導你由作繭自縛中徹底脫身，是一本足以扭轉你人生的好書。（全書 448 頁，附贈轉念作業個案 VCD）

《斷輪迴》 阿頓與白莎回來了！

繼《告別娑婆》走紅之後，葛瑞的生活形態發生重大的轉變，也面臨了更多的挑戰。葛瑞仍是口無遮攔地談八卦、論是非、臧否名流，阿頓和白莎兩位上師在笑談棒喝中，繼續指點葛瑞如何在現實挑戰下發揮真寬恕的化解（undo）功能，徹底瓦解我執，切斷輪迴之根。（全書 304 頁）

《人生畢業禮》

本書是保羅與 Raj 在 1991 年的對話記錄。對話日期雖有先後，內涵卻處處玄機，不論由哪一篇起讀，都將你導入人類意識覺醒的洪流。

Raj 借用保羅的處境，提醒所有在人間孤軍奮鬥的人，唯有放下自己打造的防衛措施，才可能在自己的心靈內找到那位愛的導師。也唯有從這個核心出發，我們才會與所有弟兄相通，悟出我們其實是一個生命。（全書 288 頁）

《療癒之鄉》

《療癒之鄉》中文版由美國「獅子心基金會」委託台灣「奇蹟資訊中心」出版。

作者羅實‧葛薩姜把《奇蹟課程》深奧又慈悲的教誨化為一套具體的情緒啟蒙和心靈復健課程，協助犯罪和毒癮的獄友破除心理障礙，學習處理人與人之間的衝突，調整情緒，建立自信，切斷「憤怒→攻擊→憤怒」的惡性循環。《療癒之鄉》陪伴無數受刑人度過獄中歲月。

《療癒之鄉》也是為所有困在自己心牢裡的讀者而寫的。世間幾乎沒有一人不曾經歷童年的創傷、外境的壓迫，以及為了生存而形成種種不健康的自衛模式。獄友的心路歷程給予我們極大的啟發，鼓舞我們步上心靈療癒之路。（全書 440 頁）

《我要活下去》

這本書不只是一本鼓舞信心的療癒指南，還是一個女人把自己從鬼門關前拉回來的真實故事。

作者朱蒂‧艾倫博士（Judy Edwards Allen, Ph.D.）原本是成功的專業顧問、大學教授、大學教科書作者，四十歲那年獲知罹患乳癌的「噩耗」，反而成為她生命的轉捩點，以清晰、熱情的文筆，記錄了她奮力將原始的求生意念成功地轉化為「康復五部曲」的歷程。讀者會看到她如何軟硬兼施地與醫生打交道，如何背水一戰克服無助感，又如何透過寬恕，喚醒內心沉睡已久的愛與生命力。最後，她終於超越自己對生死的執著，在這一場疾病與療癒的拔河大賽中，獲得了靈性的凱旋。（全書 280 頁）

《時間大幻劇》

人們對於時間，存在著種種截然不同的看法，比如：時間是良藥，可以癒合一切創傷；善惡終有報，只等時候到；時間是無情的殺手，終將剝奪我們的一切……。人類早已視時間的存在為天經地義，戰戰兢兢地活在過去的懊悔、現在的焦慮和對未來的恐懼中。我們好似活在一座無形的牢籠裡，苟延殘喘，等待大限的到來。

《奇蹟課程》的泰斗肯恩博士曾說：「不了解時間，不可能讀懂《奇蹟課程》的。」他引經據典，將散落全書有關時間的

解說，梳理出一個完整的思想座標，猶如點睛之龍，又如劃破文字叢林的一道靈光，讓我們一窺《奇蹟課程》的究竟堂奧（究竟義）。此書可說是肯恩留給奇蹟資深學員最珍貴的禮物。（全書413頁）

《奇蹟課程誕生》

　　《奇蹟課程》的來歷究竟有何玄虛？為什麼它選擇經由海倫・舒曼博士來到人間？它的記錄方式及成書過程，與它傳給人類的訊息有何內在關係？有幸親炙此書的我們，又該如何延續奇蹟精神的傳承？

　　不論你只是好奇《奇蹟課程》的精采傳奇，還是有心以「史」為鑒，窮究奇蹟的傳承精神，本書都提供了最可靠的第一手資料。作者因與茱麗、海倫與比爾等人交往密切，故受這些開山元老之託，冷靜而客觀地梳理《奇蹟課程》的記錄及成書經過，佐以三位奇蹟元老的親筆自白，融鑄成一部信實可徵的《奇蹟課程》誕生史，帶領讀者重新走過五十年前那段精采神奇的心靈歷程。（全書195頁）

《飛越死亡的夢境》

　　本書榮獲美國出版界著名的「活在當下書籍獎」（Living Now Book Awards），全書以嶄新的視角詮釋曠世靈修經典《奇蹟課程》的教誨，為讀者剴切指出「起死回生」的著力點。

　　作者特別選取在人間每個角落不時作祟的「死亡陰影」入手，揭露小我抵制永恆生命的伎倆。作者以親身的經歷為奇蹟作證，並且提供了極其實用的反省練習，解除我們潛意識中對死亡的恐懼，為百害不侵的生命本質開啟了一扇門，真愛與喜悅得以流過人間，讓奇蹟成為日常生活裡「最自然的事」。（全書524頁）

國家圖書館出版品預行編目資料

奇蹟課程釋義：學員練習手冊行旅. 第三冊（71-90
課）／肯尼斯‧霍布尼克博士（Kenneth Wapnick,
Ph.D.）著；若水譯 -- 初版 -- 臺中市：奇蹟課程‧奇
蹟資訊中心，民 107.6
　　面； 　　公分
　　譯自：Journey through the workbook of a course in
miracles: the study and practice of the 365 lessons
　　ISBN 978-986-95707-2-5（平裝）

　　1. 靈修

192.1　　　　　　　　　　　　　　　　107008277

奇蹟課程釋義
學員練習手冊行旅　第三冊

作　　者　肯尼斯‧霍布尼克博士（Kenneth Wapnick, Ph.D.）
譯　　者　若 水
校　　譯　江智恩
責任編輯　李安生
校　　對　李安生　黃真真　吳曇慈
封面設計　林春成
美術編輯　陳瑜安工作室
出　　版　奇蹟課程有限公司‧奇蹟資訊中心
　　　　　桃園市光興里縣府路 76-1 號
聯絡電話　（04）2536-4991
劃撥訂購帳號　19362531　戶名　劉巧玲
網　　址　www.acimtaiwan.info
電子信箱　acimtaiwan@gmail.com

印　　刷　世和印製企業（02）2223-3866
經銷代理　聯合發行公司
　　　　　電話（02）2917-8022 # 162
　　　　　　　（03）212-8000 # 335

定　　價　新台幣 280 元
出版日期　2018 年 6 月初版
　　　　　2019 年 7 月二刷

ISBN　978-986-95707-2-5